十大华人科学家丛书

孟宪明　主编

丁肇中传

冯蓓佳　冯成奇　编著

河南文艺出版社

· 郑州 ·

图书在版编目（CIP）数据

丁肇中传/冯蓓佳,冯成奇编著. —郑州:河南文
艺出版社,2017.11

（十大华人科学家丛书/孟宪明主编）

ISBN 978-7-5559-0621-6

Ⅰ.①丁…　　Ⅱ.①冯…②冯…　　Ⅲ.①丁肇中-传
记　Ⅳ.①K837.126.11

中国版本图书馆 CIP 数据核字（2017）第 269466 号

出版发行　河南文艺出版社
本社地址　郑州市鑫苑路 18 号 11 栋
邮政编码　450011
售书热线　0371-65379196
承印单位　河南瑞之光印刷股份有限公司
经销单位　新华书店
开　　本　890 毫米×1240 毫米　1/32
印　　张　5.25
字　　数　93 000
版　　次　2017 年 11 月第 1 版
印　　次　2017 年 11 月第 1 次印刷
定　　价　24.00 元

目 录

一

旧中国,一对赴美留学的年轻夫妇,双双学成后准备回国,用自己的所学报效祖国,改变中国的落后面貌。这时,他们的孩子快诞生了,本来想把他生在中国,结果他却降生在了异国的土地上,这是否预兆了他的一生将要赢得出人预料的殊荣?

二

日本侵略者把魔爪伸进中国,中华民族陷入灾难之中。丁肇中一家和许多家庭一样饱受战争之苦。动荡中，丁肇中度过了坎坷的童年。

三

丁肇中以优异的成绩学完了初中的课程，打下了牢固的理科基础。高中毕业时，他的数理化三门功课均为满分。他不满足于被保送上大学，他要考"状元"，升入名牌大学。但理想与现实是有差距的，他初次经受了挫折和考验。

四

正当丁肇中准备转入物理系的考试时,偶然的机遇改变了他生活的道路。美国密歇根大学的布朗教授来台访问,他答应帮丁肇中去美国留学。于是丁肇中踌躇满志地准备赴大洋彼岸求学。

五

他怀揣着100美元踏上了美国国土。他要接受新的挑战,向科学知识的堡垒发起冲击。他5年内跨越了一般人需10年才能跨越的历程。

六

由理论物理研究转到实验物理研究,丁肇中经历了他个人研究方向的重大转折,找到了科学研究的主攻方向,为他未来获得诺贝尔奖奠定了牢固的基础。

七

在不屈不挠的科学探索中,他饱尝了失败的滋味,受到非议和指责,又经受了病魔的打击。这些构筑了他攀登物理高峰的阶梯,在沿着这些阶梯的攀登中,离峰顶上那颗闪亮的明珠还远吗?

八

丁肇中以更充沛的精力投入到寻找新粒子的紧张实验之中，他在三个实验室之间往返奔波。

他终于攀上了科学的最高峰，把那颗耀眼的明珠摘了下来。

九

科学的发现往往是成双的。美国西海岸的伯顿·里希特博士通过不同的思路和实验手段，也发现了新粒子。谁先发现了 J 粒子？这成了当时的热门话题。

十

J粒子的发现成为物理学发展史上的里程碑,丁肇中登上了1976年诺贝尔物理学奖的领奖台。各种祝贺潮水般涌进了丁肇中的实验室,恭喜他这个第三位获得诺贝尔奖的华裔科学家。

十一

诺贝尔奖是世界上最高的科学奖项,它是世界超级精英的标志。丁肇中以他自己的才智、勤奋和努力,终于获得了世界科学界的承认。丁肇中的父亲、妻子陪着他一起去瑞典斯德哥尔摩接受瑞典国王的授奖。

十二

丁肇中荣获诺贝尔物理学奖后没有止步,他继续向未知的领域一次又一次地进击。同时,作为炎黄子孙,丁肇中时刻关注着国内科学的发展,多次归国寻根,架起一座中美科学交流的桥梁。他把中国的希望寄托在年轻人身上,认为年轻人最适合研究物理学。

一

旧中国，一对赴美留学的年轻夫妇，双双学成后准备回国，用自己的所学报效祖国，改变中国的落后面貌。这时，他们的孩子快诞生了，本来想把他生在中国，结果他却降生在了异国的土地上，这是否预兆了他的一生将要赢得出人预料的殊荣？

1. 家世渊源

丁肇中的祖籍是山东省日照市。这里面临黄海，土地肥沃，人民勤劳勇敢，善于耕作渔猎，是个鱼米之乡。丁肇中的祖上可谓耕读世家，多少代以来，他们种地读书，过着平静的日子。

19 世纪末 20 世纪初，清朝政府的腐败统治，军阀的连年混战，使老百姓生活在水深火热之中。丁肇中的祖父丁惟汾，是一位忧国忧民的知识分子，为了吸取日本明治维新的经验，于 1901 年东渡日本，学习日本政治改革的经验，寻找一条如何走上富强的道路。在日本，他参加了孙中山领导的同盟会，被推举为山东的主盟人。后来，他回国参加反清运动，在北京同窃国大盗袁世凯展开了斗争。袁世凯为了分化革命队伍，拉拢丁惟汾，让其为他的反动统治卖力。丁惟汾不为所用，表示"此头可断，此志不可夺"，斥责了袁世凯。为了同袁决裂，也为了不被袁迫害，他毅然离开北京，回到山东老家，和老伴一起过起种田的日子。后来全国抗袁斗争蓬勃发展起来，成立了抗袁筹委会，丁惟汾秘密到了上海，参加十七省国会议员聚会，共同讨伐袁世凯。他领了任务回到山东后，又奔走呼号，团结有识之士，共同进行讨伐卖国贼袁世凯的大计。丁惟汾追随孙中山先生的爱国行动，反映了那个时期的知识分子忧国忧民、改造中国的远大志向。丁惟汾到了晚年，弃政从文，潜心研究古汉语，著了《毛诗音韵律》《尔雅积名》等著作，为研究中国文化做出了一定的贡献。丁惟汾有一个孩子，取名叫丁观海。

丁肇中的外祖父王以成，和丁惟汾是好朋友，年轻时也留学日本，经丁惟汾介绍，他加入了同盟会，加入到反对清朝腐败统治的行列中来。王以成在日本学的是土木工程专业，学成回国以后任津浦铁路的工程师。当时，国家贫困，民族落后，报国无门，他决定放弃他原来的科学救国的打算，放下所学的土木建筑专业，开始写文章，教育启发广大民众。1909 年，他前往北平在《国风日报》当编辑。报纸办得很有特色，得到了广大民众的喜爱,发行量日益扩大,影响也越来越大。清政府害怕报纸宣传的革命道理被广大群众所接受,从而引发人民更大的反抗情绪,下令封闭了报馆。

1911 年,全国各地掀起了反清的革命风暴,武昌起义和广州起义相继发生,王以成积极参加这一斗争,奔赴天津、济南、青岛等地,联络各地革命青年,组成了一支武装队伍。他带领这支队伍,辗转山东各地,与敌人展开了一次又一次的斗争,在一次战斗中,终因寡不敌众,弹尽粮绝,不幸被捕。敌人对他进行残酷的折磨,用尽了酷刑,他始终坚贞不屈,最后,敌人看他拒不投降,恼羞成怒,把他残忍杀害了。王以成英勇就义了,但他的精神感召了更多的青年加入到革命队伍中去,革命队伍越来越壮大,清朝政府的统治越来越风雨飘摇。

王以成牺牲以后,王夫人陷入极度悲痛之中,这时她已怀有身孕,她忍着悲愤要把孩子抚养成人,为丈夫报仇雪恨。后来她生下一个女孩子,起名叫王隽英,母女二人相依为命。由于生活极度贫困,加上王夫人的精神长期受到摧残,不久,王夫人也去世了。

丁惟汾深为王以成的壮志所感动,就把王以成的孩子收为义女,进行抚养,希望她长大以后继承其父遗志,为国效力。

丁观海和王隽英从小青梅竹马,两人一起生活,一起读书,度过了少年时光,进入青年时期后,两人受父母的影响,决心走科学救国之路,用所学改变贫穷落后的旧中国,于是在两人高中毕业以后,远渡重洋去美国留学深造。

2.丁观海只身回国

丁观海和王隽英乘坐轮船,经过一个月的海上颠簸,终于来到美国。他们到了密歇根大学以后,马上投入紧张的学习之中。丁观海学习土木工程的线性力学,王隽英主攻教育学。在美国举目无亲,他们克服了摆在面前的一个个困难:语言的障碍、生活习惯的不同、繁重的学习任务……他们送走了一个个夜晚,迎来了一个个黎明;他们迎来了繁花似锦的春天,送走了雪花飘舞的冬天。他们不怕艰苦,不顾劳累,节俭度日,把精力都用在学习上。岁月不负苦心人,终于,他们于1935年双双获得了硕士学位,这一年丁观海25岁。也是在这一年的年初,他们结为相伴终生的伉俪。

贫穷落后的祖国时刻系挂在他们的心上,他们决定尽快返回祖国,把自己的所学贡献给灾难深重的中国,使中国早日富强起来。

意外的情况出现了。就在他们正为回国做准备的时候,王隽英怀孕了,这个情况打乱了他们原来的计划,他们只好重新安排行程。怎么办呢? 他们思索着解决的办法。如果一起乘船回国,海上风浪太大,行程太远,行期太长,万一在船上分娩,发生意外怎么办？如果不早些回国,科学救国的抱负就不能早日实现,就难以尽早达到自己漂洋过海到美国求学的初衷。这可难坏了这一对二十多岁的留学生。

夜幕降临了,丁观海夫妻晚饭后又在一起议论这件事,商量解决问题的办法。丈夫一根接着一根地抽着烟,团团烟雾笼罩着他紧锁的眉头。他想:如果我一个人先回国,留下隽英一个人,挺着个大肚子,没人照料,放不下心来,生育时遇到问题我不在身边,更是牵肠挂肚……王隽英看出了丈夫的矛盾心情,她权衡再三,果断地对丈夫说:"你先回国,我留在美国分娩,等生下孩子后我再回去。"丈夫知道妻子是个有主见、有勇气的女性,她说出这番话,是经过深思熟虑的。妻子这样做,是把担子统统挑在自己身上。虽然他仍在担忧,但除此之外,似乎也没有什么更好的办法了。因此,他点头同意了隽英的决定。他们在一起又安排了丁观海走后隽英的生活问题、分娩时的住院事宜,以及托付亲友照顾等事情。

1936 年 1 月的一天,天气寒冷,刮着刺骨的寒风,丁观海冒着严寒,带着简单的行李,辞别了老师、朋友,离开了妻子和未出生的孩子,乘车去加拿大的温哥华,在温哥华港口搭远洋轮船,开始了返回祖国的航程。那时候交通不便,主要交通工具是轮船,从太平洋的东海岸横渡到西海岸,需要长达一个月的时间,如果遇到险恶天气,甚至需要两三个月。在船上这漫长的时间里,丁观海忧心忡忡,寂寞难耐,一方面惦记着身处异国的妻子和即将出生的孩子,没有他在身边照料,情况会怎么样呢? 一方面又心系灾难深重的中国,恨不得马上踏上国土,用自己的学识去改造中国的面貌。

3. 在美国诞生

1936 年的 2 月,丁观海终于踏上了祖国的土地,他应聘于河南的焦作工学院当教师,开始了他教书育人的生涯。

几乎在同时,亦即 1936 年 2 月,在地球的另一边,临产前的王隽英,住进了密歇根大学城的安·亚伯尔大学医院。

2 月 4 日,产房里传出了婴儿的哭声,这哭声很大,打破了产房的寂静。王隽英在医生、护士的亲切护理下,顺利地生下一个男孩,她按原来和丈夫商量的意见,给孩子取名丁肇中。丁肇中来到世上就给人留下不平凡的印象,他头大个长,身体健壮,哭声也大。同事、朋友纷纷赶往医院看望王隽英和她的孩子。他们说,孩子头大,一定聪明,将来可以装很多的知识;哭声大,是他在向社会发表不寻常的宣言,意味着他要做出不寻常的业绩。王隽英躺在产房的病床上,听着大家的议论,心里充满了喜悦,稍显苍白的脸上露出了幸福的微笑。

1936年4月，丁肇中刚满两个月，小家伙长得很可爱，虎头虎脑，白白胖胖。王隽英收拾好行装，准备回国。她告别了老师、同学，抱着才两个多月的小肇中，踏上了开往中国的轮船。轮船行驶在太平洋的海面上，把海平面犁开了一条壕沟，海水分成两列水浪，泛着浪花向船后跑去。海上突然起了狂风，轮船在狂风中颠簸着，王隽英搂着小肇中，呕吐起来。而小肇中却手舞足蹈，仿佛他生来就不怕狂风巨浪的袭击。风暴过后，王隽英抱着丁肇中来到甲板上，放眼望去，大海澄碧，天蓝如洗，洁白的海鸥不知是从哪儿钻了出来，在海天间勇敢地飞翔着、欢叫着。王隽英回想起她和丁观海在美国留学的日日夜夜，他们为学习科学知识几乎放弃了休息日、节假日，终于拿到了硕士文凭，现在祖国不知什么样子了，我们的所学能为祖国派上用场吗？希望能有好的环境，让我们把在美国学到的科学知识传授给中国的青年；丁肇中也可以在和平的环境里健康地成长，他可以上小学、中学、大学，也出国留学，成为国家的栋梁之材。她看了怀里的婴儿一眼，小肇中已经入睡了，脸上露出了甜甜的微笑。

　　海上又起了狂风，轮船又颠簸起来，王隽英抱着丁肇中走回了船舱。

4. 回国

1936 年 4 月底，王隽英乘坐的海轮经过一个月的跨洋航行，终于驶进了中国的内海，这位杰出的中华女儿，阔别祖国四年，又回到了祖国的怀抱。

她登上岸后，又乘车经过几天的颠簸，身上落满了黄尘，终于来到焦作工学院，与丁观海团聚。夫妻二人享受了久别重逢后的喜悦，一家三口在焦作平静地生活了三个月。

丁肇中的祖母长期生活在山东日照市，她是一个善良、勤劳、朴实的女性，有着中国妇女柔韧敦美的传统美德。她过去长期支持丈夫读书，从事革命活动，后来又支持儿子、媳妇（初为义女）出国留学，她自己则一人留在家乡过着清苦的日子，独立支撑着这个家庭。她宁愿把沉重的负担留给自己，支持家人去从事各自的事业。她的开明、贤惠、能干受到乡邻的普遍好评。

儿子、媳妇、孙子回到国内以后，她是多么想见到自己没见过面的孙子啊，多么想让祖孙三代团聚在一起啊！她写了一封信到焦作工学院。丁观海接到信后，知道老人非常想念孙子，于是，他和妻子商量，回家乡和母亲团聚。这样，他们于 1936 年 7 月离开了焦作工学院，几经周折，先到青岛，再转回老家日照，终于回到了老母亲的身边。

母亲见到儿子、媳妇和孙子后，高兴得话都说不出来，她抢过孙子，紧紧地抱在怀里，亲着，爱抚着，似乎要把老一代全部的爱都倾注到孙子的身上。

全家团聚以后，老太太的精神变得愉快了，话也多了，身体也更硬朗了。她白天抱着小肇中去邻居家串门，晚上让小肇中在她温暖的怀抱里静静地入睡。闲暇时，她眼光一刻不离开肇中，脸上洋溢着慈祥的微笑。

丁肇中在山东日照老家这一年的时光，是他最幸福的日子，他沐浴在祖母和父母爱的阳光里。老太太细心照料孙子，减轻了丁观海夫妇的负担。丁肇中后来形成的坚强的性格、朴实的作风和坚忍不拔的毅力，有很大一部分也是从他祖母那里继承下来的。当丁肇中成名以后，父亲丁观海常对人说："肇中能有今天的成就，受他的祖母影响最大。"

后来丁观海受聘到青岛大学教书，青岛距日照有一百多公里的路程，由于当时交通不便，他只在暑假回日照看望母亲和妻子、儿子。

丁肇中在他祖母身边过着无忧无虑的生活，但是，这种生活没持续多久。1937 年，日本侵略者的魔爪伸进了中国，中国的大好河山顿时变得满目疮痍，一场历时八年的民族大灾难来到了。日照的老百姓人心惶惶，纷纷准备逃往内地。从此，幼小的丁肇中随着父母开始了苦难的逃亡生活。

二

日本侵略者把魔爪伸进中国,中华民族陷入灾难之中。丁肇中一家和许多家庭一样饱受战争之苦。动荡中,丁肇中度过了坎坷的童年。

1. 抗日战争爆发

1937年7月7日,卢沟桥事变爆发。日本侵略者在北京东北郊卢沟桥借口寻找失踪的日本士兵,悍然发动了对中国的大规模武装入侵。顿时,江河呜咽流泪,高山悲愤昂头,国土沦落,生灵涂炭,中华民族陷入空前的民族危急之中。

中国的北方已没有安全之地,日照的上空弥漫着战争的乌云,火药味也越来越浓,不时可以听到日本飞机的轰鸣声,远处传来的枪炮声也依稀可闻。老百姓已纷纷向南逃难,丁肇中的父母抱着丁肇中也加入了逃难的行列,开始了漫长的流亡生涯。

乌云密布,遮盖了蓝天。在村头,丁观海夫妇心情沉重地告别了母亲。奶奶抱着小肇中亲了又亲,把他递给王隽英的时候,转过头揉着流泪的眼睛。路途迷茫,命运未卜,老人已届古稀之年,这次离别,何时才能再次团聚?王隽英接过小肇中时,喉咙已是哽咽,道了声"珍重",再也说不出话来,和丈夫一起,迈着沉重的步履,转身离去。走了好长一段路,两人回头望去,老人仍站在村口,身影在狂风中摇动。

他们一家三口,冒着酷暑,风餐露宿,于1937年8月12日到达南京。这时的南京也处于风雨飘摇之中。到达南京的第二天,他们听到了日本侵略军进攻上海的消息。这时的南京,商店关门,学校停办,日本人的飞机不时来南京上空轰炸,防空警报不时尖厉地响起,日军不断沿长江而上,南京市民人心惶惶。看来这里也不是久留之地。丁观海一家告别雄伟的紫金山,凄然地离开了这座古城,随着逃难的人群向南流亡。9月30日,他们到达安徽省合肥,稍作停留,又转道去芜湖。1937年12月13日,他们在芜湖听到了南京沦陷的消息,心中充满了悲哀。

12月12日,日军分三路对南京进行围攻,13日,日军先头部队第六师团,从中华门、雨花台、兴华门先行入城,开始了惨绝人寰的南京大屠杀。屠杀一直持续了六个星期,被屠杀的中国军民达三十万以上,南京军民的鲜血染红了一江碧水,三分之一的房屋化为灰烬。日本法西斯的暴行激怒了中国人民,人民的反抗情绪空前高涨,全国各地举行了反日游行示威,丁观海一家也加入了反抗日本帝国主义侵略的洪流之中。

1937年12月，丁肇中的母亲在芜湖一家教会医院里生下了他的弟弟，取名丁肇华。

2. 漫长的逃难之路

时局日益险峻，日本帝国主义如一只吃人的恶魔，正吃红了眼，妄想在短时期内吞掉整个中国。中国怎么办？人民怎么办？这个问题像一块大石头，压在每一个正义的中国人心上。

在一个宁静的晚上，丁观海夫妇在一起商量他们未来的生活和工作。丁观海一支接一支不停地吸烟，王隽英怀抱出生不久的丁肇华，身边依偎着丁肇中。她心事重重地望着沉思的丈夫说："我们全家应该到大后方参加抗日战争工作，我们的路线应该从合肥到徐州、郑州，再到武汉……"

丁观海深情地望着妻子。妻子的主意是对的，现在热血青年们积极要求去前方打仗，自己不能亲自扛枪打敌人，到后方去动员民众，生产生活，支援前方，也是为抗日尽自己的一分力量。但是，还有一个老母亲独自生活在日照，这是一件令人牵肠挂肚的事。丁观海轻声与妻子商议说："隽英，我们的母亲在老家，我想我们先回到老人身边，一则照顾她老人家，二则有机会让肇中和祖母相处一段时间，然后去大后方，你看这样好吗？"王隽英深深理解丈夫的心情,她对老人也怀有极深的感情。王隽英很早就来到丁家,她先是老人的女儿,后成为老人的媳妇,因此,对老人有着母亲加婆婆双重的感情。

1938年初春,丁观海一家四口,冒着料峭的寒风,取道北上,回到山东老家日照。老人在战乱的年代,日夜操着儿子一家的心,见到他们突然回来,心里格外高兴,但是她也非常担忧,因为日本军队离这里越来越近,这里的百姓逃难走了不少,安全越来越没保障。

老人的忧虑不幸应验了。丁观海一家回来不久,日照就沦陷了。日本侵略军到处烧杀抢掠、抢粮抓人。顿时,日照变得暗无天日。丁观海带着一家老小,在亲友的协助下,过着隐居的生活。他们白天躲藏起来,夜晚有人站岗放哨,一有风吹草动,就立即带着老人、抱着孩子,藏到较为安全的地方。

这时候,全家过着提心吊胆的日子。丁肇中和弟弟,平时不敢哭,不敢玩耍,幼小的心灵受到了很重的创伤。丁肇中的祖母是一个很有主见的女性,过去她支持丈夫留学、反清、干事业,支持儿子、媳妇漂洋过海,到美国留学,把千斤重担挑在自己的肩上。现在,在全家人何去何从的关键时刻,她又作出了重大决定。

一天,她把儿子、媳妇叫到跟前,丁肇中紧紧依偎在奶奶身边,丁肇华在老人怀里甜蜜地熟睡着。老人说:"我老了,也没多少日子好过了,我留下来,日本兵也不能把我一个老婆子怎么样!你们都还年轻,应该出去做些事情,为孩子考虑,你们也应该逃出沦陷区!"丁观海夫妻二人深明老人的用意,也为离开老人而心里难过,他们明白,这样做也是迫不得已的。在一天夜里,丁观海一家四口告别了老人,离开了故乡。他们心里都明白,兵荒马乱,民族危急,再次离别,不知何日才能得以相见。

北方的三四月份,依然寒气逼人。铅灰色的乌云笼罩着大地,丁观海一家装扮成难民,跟着一批到后方参加抗战的爱国青年,从日照逃了出来。

这时候,丁肇中两岁多,丁肇华才几个月。一路上,丁观海夫妇每人背一个孩子,还要背着包袱,他们的肩上比别的逃难人更沉重。那是怎样的日子啊,蓬头垢面,脚上都打了泡。他们经过三个月的长途跋涉,从家乡到徐州,再到郑州,经郑州南下,终于到达武汉。

当时的武汉,民心沸腾,到处讲抗战,人人谈救国。武汉集中了北方各省市及沪、浙、赣的爱国学生,在这里组成了临时大学。大学生们一边学习,一边深入到民众中宣传抗日救国,组织民众团结起来共同抵御日本侵略者,成为宣传革命的重要力量。

丁肇中的父母本来打算在武汉住下来,找个工作。但是他们的想法很快就破灭了。南京沦陷后,日本侵略军由南京、芜湖、镇江分三路渡江北上,1938 年 5 月 19 日徐州失陷,日寇魔爪向南延伸,采用两路夹击武汉的战略。武汉的沦陷已经为期不远,丁观海一家离开了武汉,又踏上了流亡之路。

他们搭船溯长江而上,轮船在长江里缓缓行进,乘客大都是逃难的难民,人人面黄肌瘦,个个衣衫褴褛,大家的心里如同灌了铅,没有欢声笑语,更无心观赏沿途美好的自然景色,彼此相对默默无言,失去了家园的人心情就像灰暗的天空一样。几天后,经巴东,过三峡,穿过重重险滩,他们到达了四川省万县。

万县是一座山城小县,县城就在长江边上。平时人口不多,显得萧条冷落。自从中国的北方和东方大片土地和城市沦陷后,人们纷纷到这里避难,这个地方就变得热闹起来。青岛大学、山东医学院等高等院校先后迁到这里,这里也充满了抗日救国的热烈气氛。丁观海一家到达这里后,丁观海到青岛大学教书,一家人暂时安定下来,紧张的心情暂时得到了缓解。

3. 小学时期

丁观海一家在万县生活一段时间后,感到这里也不是久居之地。1938 年 12 月,丁观海一个人去了重庆,打算找个更合适的工作,王隽英带着两个孩子留在万县,等候他的消息。不久,丁观海就在重庆大学和从上海迁到重庆的复旦大学找到了工作,同时担任两个学校的教学任务。他在重庆安下身以后,托人捎信给在万县的妻子,王隽英就带着两个孩子也来到了重庆。丁观海在两所大学任教,十分繁忙,夜晚在家备课,白天在家庭与两所高校之间奔忙,非常辛苦。一开始,王隽英带着两个孩子,做好家务,减轻了丈夫的负担。到了1941年,王隽英在四川教育学院找到了工作,担任教育学的讲课任务,两个人更加忙碌。从1939年到1945年抗战胜利,丁观海一家在重庆度过了六年,这六年是相对安定的日子。丁观海夫妻二人终于有了施展自己才学的机会,把赴美学到的科学知识报效于社会,报效于人民。他们忘我地工作着,简直不知道什么叫苦和累。他们这种为国家为民族默默耕耘的精神,从小就深深印在丁肇中的脑海中。

重庆是一座美丽的山城,这里环境优美,景色奇特,多少文人骚客吟诵出了歌颂它的诗篇,多少丹青妙手泼墨绘出了它的雄伟画卷。早晨,云气缥缈;夜晚,一层层灯光,似梦似幻,人们仿佛生活在仙山琼阁之中。

这时生活在重庆的人们,顾不上欣赏重庆的美妙风光。这里成为中国抗日大后方,人们为抗击日本帝国主义的侵略,在辛勤、忙碌地工作着,用自己的力量支援前线抗击日军的将士们。

丁肇中到了入学的年龄,母亲为他特意做了一套新衣服,缝制了一个小书包,丁肇中高高兴兴地背着书包上学了。一天,丁肇中正在放学回家的路上,警报声凄厉地响了起来,日军的飞机飞来了。远远地听到了飞机的轰炸声,小肇中吓得赶紧趴在地上,他又惊又恨,攥紧小拳头,发誓长大以后要和日本帝国主义算清这笔账。

重庆时常受到敌机的轰炸,肇中的小学课程也时断时续。这时候的小肇中上穿布棉袍,脚蹬一双布鞋,他常因敌人的轰炸耽误学习而苦恼。他的小学教育,大多是他母亲亲自辅导的,这样才不至于在他求知欲极旺盛的童年,留下一片空白。

抗日战争时期,许多高等院校从沦陷区迁到大后方。清华大学、北京大学、南开大学迁到云南的昆明,组成了西南联大,复旦大学和南京的一些大学迁到了重庆。师生们过着俭朴的生活,斗志却极为旺盛。丁肇中很小就跟着大哥哥、大姐姐们,学会了唱他们的校歌:"千秋耻,终当雪;中兴业,须人杰,便一成三户,壮怀难折。多难殷忧新国运,动心忍性希前哲。待驱除仇寇复神京,还燕碣。"

丁肇中的家里,不断有爱国的流亡学生来拜访他的父母。父亲多是给这些学生讲科学知识,母亲讲的较多是教育和抗日救国的道理。每当这时,丁肇中总是在旁边,手托着胖胖的圆脸,睁着好奇的大眼睛,静静地听着。这些革命的道理,在他幼小的心灵中打下了深深的烙印。丁肇中的父亲后来在回忆这段经历时说:"当时和我们来往的朋友,几乎都是和教育有关,而且隽英因为参与政治,经常有流亡学生来我家访问和借住,这使得肇中从小就受到一些正规教育以外的熏陶。我想,这对他早期的生活,有若干程度的影响。"

丁肇中和父母在重庆生活期间,母亲又为他生了一个小妹妹,取名丁肇民。1945年,抗日战争胜利后,一家五口乘飞机回到南京,先是住在首都招待所里,后来丁观海思母心切,回山东探望母亲,得知老母亲为避乱已经去了青岛。丁观海那时刚好也接到了青岛大学的聘书,于是他们全家都到了青岛。祖母想念孙子,就把肇中留在身边,丁肇中就进了一所天主教小学读书。

一天晚上,已经八点钟了,丁肇中还没回家,父亲跑到学校打听,学校早已放学了。父母急得头上直冒汗,于是到警察局报了案。正在这时,丁肇中背着书包晃晃悠悠地回来了,原来他放学后经过一家电影院,混进去看电影,等到散了场才回家。这是丁肇中第一次看电影,也因此给家里带来一场小小的风波。丁肇中进入中学以至工作后,都很少看电影,他常说看电影太浪费时间了。

1946年,王隽英到南京社会教育学院执教,她把丁肇中接到了南京。1947年夏天,丁肇中和母亲住在南京栖霞山,在学院附属小学学习了一段时间。1948年冬天,丁观海先去了台湾的台中市,随后全家都去了台湾。

丁肇中的童年是在颠沛流离的逃亡生活中度过的,这样的环境促成了他的早熟。他的成长过程始终受到爱国主义的熏陶，受到家庭的科学文化的教育，这些都对他的未来起了极为重要的作用。

三

丁肇中以优异的成绩学完了初中的课程，打下了牢固的理科基础。高中毕业时，他的数理化三门功课均为满分。他不满足于被保送上大学，他要考"状元"，升入名牌大学。但理想与现实是有差距的，他初次经受了挫折和考验。

1."大头丁"

丁肇中一家人到台湾后，住在台中市。后来全家搬到台北市，开始住在重庆南路的台湾省公路局宿舍，后来搬到泰顺街寓所，就一直住在那里。

丁肇中于1949年夏季小学毕业，考进了成功中学。

1950年，丁肇中的父亲在台湾大学工学院的土木工程系任教。丁肇中转入"建国中学"，一直到高中毕业。

1949年9月的一天，丁肇中穿戴得整整齐齐，背着书包，兴致勃勃地跨进了中学的大门,开始了他新的学业。跨进大门时,他第一眼就被悬挂在校内的一条横幅吸引住了,这条横幅上写着这样一句话:

> 古之立大事者,不惟有超世之才,亦必有坚忍不拔之志。

这句话抄录自宋代文学家苏东坡的《晁错论》,翻译成现代文就是:古时候完成大事业的人,不仅有杰出的才能,而且有坚忍不拔的意志。这是校长贺翊新为了勉励他的学生们而抄录的。

丁肇中站在这条横幅下,久久地凝视着这句话,仔细地咀嚼着这句话的含义,把它牢牢地记在了心里。从此以后,校长这句勉励的话成了他奋发学习的动力。

丁肇中进入中学时已经长成大人的个头。他继承了山东人高大的体魄,个子比一般同学高出许多,尤其是他那圆圆的硕大的头颅,更吸引了大家的注意,调皮的学生背地里给他起了个绰号,叫他"丁大头",有的则叫他"大头丁"。时间久了,有的同学当面这样叫他,他不但不生气,还腼腆地笑笑,红了脸,自己感到不好意思呢。

丁肇中在中学阶段,学习一直非常用功。他的学习方法是读书时读书,游戏时游戏。安静的时候,总是在静静地思考问题;活动的时候总是尽情尽意,全身心地投入。他读书非常专心,遇到疑难问题,便遍寻书本,务必找出答案才肯罢休。

晚上,他总是和两三个要好的同学结伴去图书馆读书,刮风下雨也从不间断,一直到图书馆闭馆了才回家。回到家里总要再看一会儿书,父母再三催促他,他才放下书本去睡觉。

在运动方面,他最喜欢游泳,其次是打羽毛球和骑自行车。他游泳的伙伴是同班的同学商武,二人常常结伴到碧潭,一个划船,一个人跟随在船后慢慢游,真是惬意极了。

2."最浪费不起的是时间"

凡是有成就的人无不爱惜时间。丁肇中从中学时代就显现出来一个科学家良好的素质,对于时间从不舍得有一点点浪费。他有一句名言:"最浪费不起的是时间。"

丁肇中在中学阶段很少看电影,他认为看电影不仅浪费金钱,而且浪费时间。尤其是时间,更是浪费不起。他知道,要想取得成就,学问的根基就要打得深厚。因此他在中学这段打根基的时期,尽量利用时间,狠下苦功。不过他也不是死读书。他的数学老师谭嘉培先生就说他:"很有冲劲。我见过很多成绩比他好的学生,但是这些学生有的因为书读得太死,难以再往前发展,而其他则又缺乏后劲,不再发展了。"

丁肇中的血液中,颇有他外祖父的遗风。他外祖父王以成,认定推翻清朝,建立共和国,是作为一个时代儿女应负的责任。因此,他不避危险,不畏艰难,全力以赴,直至舍生取义。丁肇中对于学问的追求,像外祖父的性格一样,在真理面前,永不低头。有时为了数学、物理上的问题,和同学们辩论得面红耳赤,不把问题弄个水落石出决不罢休。甚至经常为某个问题弄得老师也下不了台。

他的父亲学的是自然科学,讲求头脑清晰,推理明确。他母亲学的是教育,讲求方法和效率。他爱好数理,好学深思,运算井井有条,在这方面深受他父母的影响。

在课堂上,老师提问,他经常是第一个举手回答的学生,总是回答得有条有理。做作业时,从不草率应付,总是把问题弄清楚以后再做作业,因此作业也能很快完成。

丁肇中的母亲,在抗日的时候,在建设台湾的时候,热血沸腾,奔波献策。她那爱国爱人民的情感,透过行动,深深印在丁肇中的心灵上。丁肇中一生中受他母亲的影响很大。丁肇中成名以后,有一次他父亲在接受记者采访时说:丁肇中"如果有一点特殊的话,可能就是比较调皮吧,他也是很容易让老师头痛的问题学生。不过,书倒是念得不错,有很旺盛的精力,这点很像他母亲。隽英一向主张不管学哪一行,一定要成为那一行里面的佼佼者"。

3. 优秀生

小学、中学阶段是人生中获取知识的重要阶段,是打基础的阶段。古人说:"九层之台,起于垒土。"可见,打好扎实的基础是多么重要。丁肇中的小学、中学阶段是在中国的大陆和台湾度过的。从初中到高中,每年成绩的平均分都在85分以上。初中毕业时,物理92分,化学91分,生物78分,政治84分,历史89分,国文84分,英文89分。1955年高中毕业时,他的成绩单上是这样记载的:数学100分,物理97分,化学100分,生物89分,语文84分,英语90分,只有体育成绩不太好。

丁肇中平时学习非常认真,从不马虎。他的好朋友商武说:丁肇中从来不会为了分数读书,但也不忽视成绩。他读书很专心,而且很有恒心和毅力。

他的同班同学王竞泽说,在他的印象中,丁肇中的名字简直就和数理分不开,因为他在班上数理成绩不但顶呱呱,而且平日所钻研的也都是以数理为主。他对每个题都喜欢追根究底,有时候别人从表面上看起来很普通的问题,他都要花费好半天的劲,来求得解答。

丁肇中的少年时代是在抗日战争的兵荒马乱中度过的,学习时断时续。他学习起步较晚,但他依靠顽强的毅力,学完了小学的课程。进入中学以后,环境稳定了,他更是珍惜时间,取得了优异的成绩。

丁肇中后来回忆在中国受到的教育时说:"中国的中小学教育很好,我的中学教育非常好,基础扎得十分稳。与美国比较起来,中国较为保守,较重视填鸭式的灌注,但我认为在某一年龄前这种教育方式并没有什么不妥,甚至很重要。一个人在扎根基时是要痛下苦功夫的,若自幼便思而不学,将来难免流于轻浮。"

从他的谈话中可以看到,他对他所受的中小学教育是满意的,从中受益匪浅。

丁肇中以顽强学习的精神送走了中学时代的近两千个日日夜夜,取得了优异的成绩。

学校是一座大熔炉,他和同学们在这座熔炉里进行深造,练就了强壮的体魄,掌握了科学知识,头脑也日益成熟起来。这里的一草一木,他都充满了感情,校园里留下了他的足迹,球场里仿佛还回响着他和队友的呼喊声,明亮的教室是他接受知识浇灌的见证,在林荫道旁留下了他对学习的思考。即将告别这里的一切,他显得有些留恋和怅惘。

中学生活是年轻人生活的转折点,有的从这里步入社会,融入各行各业,用自己的所学在社会上发挥作用;有的走进高一级的学校,继续在知识的海洋里畅游。在分别之际,同学们在一起猜测各人的未来,发出由衷的祝福,在每个人的毕业纪念册里写上了自己的临别赠言相互勉励。

丁肇中一页页地翻着同学们对自己的美好祝愿,内心里是不平静的:同学们的期望值是很高的,自己有今后奋斗的目标,可是我能登上那座闪耀着明珠的科学高峰吗?

古往今来,有多少人立志为科学献身,又有多少科学家为科学经受了血与火的考验,也只有少数人获得了成功。同学们的赠言激励着丁肇中,他决心为物理学奋斗终生,但是通向成功的道路是漫长而崎岖的,他能沿着这条道路顺利地走下去吗?

4. 不愿被保送上大学

丁肇中争分夺秒地在做着高考的准备,他暗暗地下了决心,不辜负校长、老师和同学们的期望,争取考进第一流大学,报答他们辛勤培育之恩。这时候,老师找到了他,告诉他说:"经学校研究,你可以被保送升入大学。"丁肇中听了老师的话,心里一惊,随即他又冷静下来,问:"老师,保送我到什么大学?""成功大学。"丁肇中一听是成功大学,心一下子凉了,他的目标是台湾的第一流大学,台湾"清华大学"或是台湾大学,而成功大学在当时仅算是二三流大学,与他心中的目标距离太远了。他没有把这想法说出来,对老师礼貌地说:"谢谢老师和学校的推荐,让我考虑一下再答复您。"

同学们听到了丁肇中被保送升入大学的消息,向他投来羡慕的目光,围着他七嘴八舌地议论起来。

有的同学说:"大头丁,你真是好福气! 我们为迎接考试,弄得头昏脑涨,也不一定能考上,你可以不为考试犯愁了!"

有的同学接过话头说:"丁大头的学习那么好,数理化满分,上大学不是十拿九稳的事吗? 即使考试,也是走走过场。"

有的同学说:"丁大头可能有些亏了吧? 凭他的成绩,要参加联考,还不进'清华'、台大吗? 保送进成大,可算是屈才了!"

面对这些朝夕相处的同窗同学,听着这些热情祝贺的话语,丁肇中当时没有说话,他心里矛盾重重,拿不定主意,他要冷静地思考一下。

在回家的路上,他踢着路边的小石子,慢腾腾地走着、思考着。保送没有使他高兴,相反却有些失望:保送的学校不是第一流的大学,录取的专业也不是我理想的物理专业,我该怎么办呢? 假如参加联考,我有把握考上第一流大学吗? 凭自己的条件,应该问题不大。对! 应该参加联考,考个状元甚至也有可能。经过一番激烈的思想斗争,他准备参加联考。他从小就喜欢和父亲讨论问题,参加联考的大事自然要征求父亲的同意。他决定找父亲商量一下,倾听一下父亲的意见。

晚上，父亲丁观海正在埋头备课，他吸着的烟头一明一灭，冒出的烟雾弥漫了书房。这时响起了敲门声，丁肇中走进了父亲的房间。

"你有什么事？"父亲正在忙着，头也没抬地问他。

"爸爸，学校通知我可不经考试，保送上大学。"丁肇中对父亲说。

"啊？那好哇！"父亲抬起头来。

"爸爸，我想参加联考，我想进'清华'或者台大。"丁肇中说出了自己的心里话。

丁观海听了儿子的话，知道了儿子的想法。看着儿子满怀自信的神情，心内非常快慰；又听到他充满豪情壮志的话，被他勇往直前的精神所打动。父亲一般不干涉孩子的决定，只是有的时候提出些疑问，给予一些必要的训导。他问肇中："你有这个自信吗？"看着儿子自信地点头，他点头应允了。

事后丁观海回忆说："肇中虽然被保送了，但可能是遗传了他母亲的天赋和个性，他对保送的兴趣不大。他要参加联考，希望考个状元。"

丁肇中得到了父亲的支持，非常高兴，心中的忧愁一扫而空。他从父亲的书房出来，回到自己的房间里，情绪仍然激动着。夜已经深了，他躺在床上翻来覆去，怎么也睡不着，他从床上爬了起来，披上衣服，坐在书桌前，开始制定详细的迎考计划。

他要打一个漂亮仗，用短短的一个月时间，查遗补缺，把掌握得好的课程再巩固一下；掌握得较一般的课程，再加一把力气。既然舍弃了保送升入大学的"恩赐"，就要拿出自己的真本领，考个状元回来。

目标确定之后，丁肇中就像一台注满了油的机器，不分昼夜地开动起来。他把自己关在屋里，除了吃饭、上厕所，从不出来。有同学来找他，他也三言两语打发了，马上回到书桌旁。他的母亲既心疼他，怕他把身体弄垮了，又忍不住夸他的这股拼劲。父亲丁观海后来回忆说："那个时候，隽英常常在我面前夸奖肇中，我觉得天下父母没有不爱自己子女的，所以我并不在意。我对子女是一视同仁的，一切顺其自然，从不过分褒贬他们。"

联考的时间终于到了。这天晚饭后，丁肇中没有像平时一样坐在书桌旁复习，他早早地洗漱之后就休息了，他要美美地睡上一觉，精神抖擞地迎接第二天到来的考试。睡梦里，丁肇中露出了甜蜜的微笑。上帝神圣的手在安排一切，定数之中也有变数，等待他的将是什么命运呢？

5. 经受挫折

几天的紧张考试下来，终于可以松口气了，但丁肇中的心里反而比考试时更紧张了。

同学们聚在一起,对答案,算分数,搞预测,看是否能考上大学。同学们对丁肇中考试的分数进行了预测,估计考上一流大学没有多大的问题。有的同学甚至对他说:"大头丁,台大在向你招手啦!"丁肇中虽然对自己的考试成绩也满怀信心,但心中总有些忐忑不安,没接到"清华"或台大的录取通知书,心里总不能踏实下来。

放榜的日子来到了,丁肇中接到的录取通知书上这样写道:

丁肇中同学:

　　经过联考,祝贺你被录取到成功大学机械工程系。希望你于×月×日前往学校报到注册入学。

联考办公室
×月×日

命运给丁肇中开了第一次玩笑。他拒绝了被保送升入成功大学,可经过联考后,命运之手偏偏又把他推进了成功大学。这对丁肇中来说无疑是一次残酷的打击。在那段时间里,丁肇中灰心丧气到了极点,整日面现愁容,没有胃口,那些平时极爱吃的饭菜,现在摆在他面前,像一服服苦药似的难以下咽;筷子也变得十分沉重,似乎难以举得起来了。

丁肇中的父母很理解丁肇中此时的心情,他们知道丁肇中为参加联考付出的代价。辛勤耕耘,没有得到应有的收获,他的苦闷是可想而知的。他们在孩子最苦闷的时候给予了必要的帮助,和他谈心,开导他,帮他解开心中的疙瘩。他们劝导丁肇中,入学联考的失败,只是人生路程中的一次挫折,并不能代表前程的失败。人的一生中会遇到很多次的失败和挫折,受一次打击,以后衡量自己时就会更加谨慎,行事也会比过去更加周详地计划,要反复思考后才做决定。一个人就是在一次次的失败和挫折中吸取了经验和教训,逐渐使自己变得成熟起来的。

1955年8月的一个星期天,父亲丁观海、母亲王隽英放下手中的工作,带领全家来到台北市郊阳明山公园度假。这是难得的一个节日,弟弟丁肇华、妹妹丁肇民高兴极了,他们叽叽喳喳,一路跑在前边,他们的情绪,也感染了丁肇中,他露出了笑脸,心情也开朗起来。

阳明山位于台北市北郊,磺溪的上游,这里青山翠谷,原野开阔,到处种有樱树、杜鹃、桃树、杏树,春天花开季节,游人如织。现在是夏季,鲜花虽不多,但绿树成荫,空气湿润,氧气充足,漫步在林荫小道之中,呼吸着凉丝丝的空气,真是舒服极了。

他们全家这一天游兴很浓,从前山公园游到后山公园,观了阳明瀑布,游了快雪亭,爬了阳明山坡,又在阳明湖泛舟。湖光山水的清明,洗涤了丁肇中心中的阴霾,他从郁郁寡欢中解脱出来,也同弟弟、妹妹"疯"在一起。这一天他们玩到很晚才回到家里。

这一次全家游给丁肇中留下了深刻的印象,爸爸妈妈都很忙,他也知道他们这次安排的良苦用心。这次郊游不久,丁肇中逐渐甩掉了思想包袱,精神开始振奋起来。

他知道一次失败并不是永久的失败,不能长期生活在失败的阴影里,要告别过去,开始新的生活;要面对将来,准备接受新的挑战。

1955 年秋,丁肇中告别父母,告别同学朋友,多少带着一点战战兢兢的心情,离开台北,踏上了去成功大学的求学之路。前边的路很漫长,等待丁肇中去一步步地跨越。

6.“你一定要成为那一行里的佼佼者”

进入成功大学以后,丁肇中考虑问题更加踏实,学习更加勤奋。他一年级上学期的学习成绩是这样的:语文 81 分,微积分 89 分,物理 93 分,化学 85 分,英文 89 分,投影几何 70 分,工场实习 72 分,学习成绩平均 85 分以上。一年级下学期:语文 80 分,微积分 95 分,物理 91 分,化学 86 分,英文 93 分,物理实验 78 分,工程画图 68 分,主要科目(语文、微积分、物理、化学、英文)平均 89 分。

离家已经一年了,暑假就要到了,就要回到分别一年的父母身边，丁肇中激动得睡不着觉。这是他长这么大以来，和父母分别最久的一次。

火车在风驰电掣般地奔驰着，车轮和铁轨发出有节奏的"吭吭——吭吭——"的响声。丁肇中望着窗外飞逝而过的树木、电杆，远处起伏的山冈、茂密的树林、青葱的稻田、在田野中忙碌的农民，这一切组成了一幅幅浓墨重彩的风景画，显得那么动人，那么亲切。丁肇中想着即将有两个多月的时间和父母团聚，和弟弟妹妹度过无忧无虑的日子，脸上漾起甜蜜的微笑。

父母见到了儿子，久久端详着，儿子的个头完全长成了大人，而脸上还挂着几分稚气。啊！儿子显得比过去成熟多了。弟弟丁肇华、妹妹丁肇民早跑过来，拉着哥哥的手，问这问那。暑假中，家里经常飞出欢声笑语，一家人沉醉在享受天伦之乐的温馨气氛中。

最初的几天在欢乐之中很快地过去了，丁肇中除了帮助爸爸妈妈做些家务，用有限的时间和弟弟妹妹玩耍之外，开始考虑起自己的功课。他在成功大学一年中，最感兴趣的是物理和数学，他被物理"迷"住了，许多时间总是让自己驰骋在物理的自由王国里。证明物理的每一条定理，给他带来无穷的乐趣；演算物理的每一个公式，使他如痴如醉，心旷神怡。他不仅超额完成老师布置的物理作业，还用业余时间看了许多物理学、数学书籍，如量子物理学、相对论、原子结构物理学等，还在图书馆里借阅了世界著名科学家的传记,如居里夫人、牛顿、爱因斯坦、法拉第等人的传记,这些科学家为科学献身的精神鼓舞着他。这时候,在他面前逐渐显现出来一条道路,一条终生要走下去的道路。他想转入物理系的念头日趋强烈,他决定征求父母的意见,取得他们对自己的支持。

有一天饭后,丁观海夫妇坐在客厅里养神,丁肇中在父亲对面的沙发上坐下,说:"爸爸,我想转到物理系去。"

"你对物理很有兴趣?"丁观海审视儿子一眼,问道。

丁肇中很认真地点了点头。

丁观海知道,丁肇中现在学的是机械工程技术专业,属于应用科学技术,只要掌握了这门技术,就算不是上等人才,今后在社会上找个理想的工作,可以保证吃饭不成问题。但是学物理,将来从事物理研究,就得是上上之才,物理是世界优秀人才济济的专业,只有少数人能从中脱颖而出,对大多数人来说,想在物理学界有什么建树,谈何容易!

于是,他对儿子说:"学工程好坏都能吃饭,学物理却需上上之才才行。"

丁肇中不解地抬头,双眼透着疑问,望着父亲。

"你认为你有能力跻身物理学界吗?"丁观海像在考试儿子。

父亲的这句话有深意,也很严峻。如果在一年前,丁肇中也许不敢回答。但一年来随着他对物理学的深入钻研，他的自信心日益增加。另一方面，他读了许多世界大物理学家的传记，这些科学家的人格力量、献身精神，正在感召着丁肇中，这些人正在成为丁肇中心中默默仿效的榜样。

"只要我埋头苦干，我想我会的。"丁肇中做了肯定的答复。

丁观海看到儿子已经恢复了当年参加联考前的自信，内心十分高兴。他知道，这时的肇中已经不是那时的肇中了。

"那你就转到台大来吧！"他对儿子说。

丁肇中听到父亲这样说，兴奋得跳了起来。他走到母亲身边，轻轻地问母亲："妈，你赞成不赞成？"

他母亲微微笑着，用一个教育家的富有哲理的话来鼓励自己的孩子："我当然赞成。不过，你要记住一点，不管你学哪一行，你一定要成为那一行里面的佼佼者，你知道吗？"

丁肇中从父母那里得到了满意的答复，他高兴得连声说道："我会的，我会的！"

暑假中，丁肇中又有了新的奋斗目标。他又投入了夜以继日的学习之中，他要准备功课，迎接开学后的转学考试。

四

　　正当丁肇中准备转入物理系的考试时,偶然的机遇改变了他生活的道路。美国密歇根大学的布朗教授来台访问,他答应帮丁肇中去美国留学。于是丁肇中踌躇满志地准备赴大洋彼岸求学。

1.布朗教授

　　正当丁肇中冒着酷暑,把自己关在屋里,挥汗如雨地复习功课,准备转入物理系的考试的时候,一个偶然的机遇改变了他的生活道路,使他在攀登科学高峰的坎坷道路上没有走弯路,甚至缩短了行程。

　　1956 年夏季的一天,美国密歇根大学工业学院的院长布朗教授来台湾访问。他是丁观海的密友。他此行中没有忘记拜访他过去的老朋友丁观海教授。老友相见,分外高兴。丁观海夫妇设便宴招待这位远方的客人。

丁观海与布朗教授是二十多年前认识的。20世纪30年代，丁观海夫妇赴美留学，就读于密歇根大学。布朗教授当时在这所大学里任教，丁观海由于学术上的一些问题和布朗教授进行讨论，他们之间的接触较多，关系日益密切，最终结成了好友。二十多年后，他们重相见，心里的高兴劲就别提了。他们回忆年轻时在密歇根的愉快时光，畅叙分别后各自的生活和工作，感慨岁月易逝，人生易变，沉浸在久别重逢后的欢乐之中。

　　丁观海教授和布朗教授谈话时，王隽英、丁肇中在旁边作陪。布朗教授在谈话中问到丁肇中的学习情况，丁肇中一一作了回答。布朗教授看到丁肇中学习上有股拼劲，基础好，又能独立思考，连声夸赞他有出息。

　　当时王隽英灵机一动，对布朗说："布朗教授，我儿子丁肇中很想去美国学习，您能否帮忙让他去留学。"这时的丁肇中已经长成了一个魁梧英俊的小伙子，目光炯炯有神，闪着灼人的光芒，外表温文尔雅，浑身充满朝气，显示出不可遏制的进取精神，特别是那颗硕大的头颅，使人感到里边充满了智慧，流露出的腼腆憨厚的神态，真是可爱极了。

　　布朗教授在言谈中已经对丁肇中产生了好感，这时听到王隽英的话，看着丁肇中那魁梧的身体，特别是那双求知若渴的眼睛，微微笑了。他伸手拍了拍丁肇中的后脑勺，满口应承下来，还说丁肇中去美留学时可以住在他家里。丁肇中听到布朗教授答应帮助他去美国留学,高兴得心花怒放。

布朗教授离开台湾,回到美国,丁观海一家又恢复了往日平静的生活。丁肇中仍然在忙着复习功课,做着转学转系的准备。他们一家对布朗教授的话,并不抱多大的希望,他们知道布朗教授忙,事情多。

然而不久的一天上午,丁观海夫妇收到了来自美国密歇根大学的一封信件,信中这样写着:"丁肇中赴美留学手续已办妥,我在这里等候着他来美深造。"落款是布朗教授。

布朗教授非常乐于助人,对答应过的丁肇中来美留学的事记在心上,回美国后就抓紧办理这件事情,没过多长时间,他就把一切手续都办好了,并马上给丁观海夫妇写信,告诉他们这件事情。

接到布朗教授的信,一家人沉浸在欢乐的气氛中,王隽英想不到这位外国友人竟这样热情、守信用。丁肇中看到布朗教授的信,更是高兴得合不拢嘴。过去他也曾向父母提起,想去美国留学的事,也多次憧憬去美留学、和美国青年相处的情景。而现在,布朗教授的信摆在面前,这一切已不再是梦想了。

丁观海夫妇为丁肇中赴美学习一事,进行了认真的商量。他们看到,丁肇中天资聪慧,又肯钻研,思想清晰,办事果断,已具有一定的独立生活能力,如果去美国,经过严格的科学知识的学习和训练,将来会有一番作为的。但另一方面,肇中只懂得一点点英文,对美国的生活全无概念,更重要的一点是,美国的教育费用很高,两个人养活五口之家,生活尚不宽裕,又怎么付得起他留学的昂贵学费呢?两人联想到自己在30年代,克服重重困难,漂洋过海去美国留学的情景。那时,经济比现在更困难,交通也不便,但他们还是克服了现在的年轻人难以想象的困难,学习了科学知识,取得了学位。现在的条件比过去好多了,温室里培养不出参天大树,应该让肇中去世界上闯一闯,经风雨,见世面,锻炼成有用之才。夫妇俩最后商定,支持丁肇中赴美留学。

丁肇中知道父母的决定后,心情久久不能平静,他知道家庭经济不宽裕,不能给父母造成过重的负担。他在报章书刊上,知道许多美国学生都以自食其力的方式,寒暑假打工赚钱交学费,完成大学的教育,他也向父母提出用这种方法念书,不让父母替自己操劳。

他想,一种崭新的生活即将出现在自己的面前,自己应该抓住这一次机遇,向着科学的高峰奋力攀登。

2. 预言

能够去美国深造,肇中的心中充满了兴奋,但与父母、弟弟妹妹天各一方,长久不能见面,难舍之情油然而生。

他也难舍那些同学朋友们,每当想起他们,他就拿出同学录来,翻看一遍同学们的留言,不由得脸上露出了笑容。

时间一天天过去,出国的日期一天天逼近。

8月下旬的一天,他的同学商武和顾德楷邀丁肇中一块儿游碧潭,这是丁肇中出国前他们最后一次游玩。

碧潭在台北县新店溪西侧,距台北市11公里,因潭深水碧而得名。溪谷间丘陵对峙,潭侧峭壁矗立,吊桥横跨溪上。上游水流舒缓,他们三人坐游艇在潭中游览,饱赏溪中景色,又去潭畔冈上、游乐场中游玩,一天下来,他们玩得十分尽兴。

三人游玩过后,坐在潭边的石头上休息,海阔天空地谈论着他们的未来。

商武从口袋里掏出钢笔,拿出纸张,对丁肇中说:"我有个建议,大头丁,我们每个人在纸上写下五年后的预言,看看谁的判断力最正确,好不好?"

"好呀!"丁肇中答应着,抢过商武手里的纸和笔,俯下身去写道:"顾德楷:五年后你大概还不会结婚,正是一个刚退役的少尉,可能已准备出国,还不可能有婚姻问题使你不愉快。"

他给商武写的预言是:"商武:五年后你一定在准备考清华研究所,已经有了心中理想的对象,还没有什么危险,大概还是容易发脾气。"

丁肇中写完后,把纸拿给顾德楷和商武看他写的内容。

顾德楷说："你忘了签名了。"

丁肇中在这一纸预言后面签了名，他把纸又交给商武，说："你写吧。"

商武写道："五年后丁肇中仍专心攻读于研究所中，顾德楷和本人刚从部队或兵工厂中服务出来，此时三人成就无表现，也正是我们三人站在三岔路上各走各路的开头。"

他在后面签了名，交给顾德楷。

顾德楷在纸的最上方写道："肇中兄离国赴美求学，行期在即，吾与武兄于一九五六年八月廿四日于碧潭作别前叙，吾乃作下预言，五年后吾与武兄已完成大学学业，时或战火再起，均将投身军旅，而肇中兄则远居太平洋彼岸，于获硕士学位后而作进一步博士学位之追求。"

顾德楷写完后，也在后面签上名字。他问道："谁保管这张纸？"

商武说："大头丁吧。"

丁肇中摇摇头说："还是商武保管好了，我身在异国，以后要拿出来对证，你们在一起，比较方便。"

"好，那就由我来保存。五年后再拿出来，看看谁预测最准。"商武接过三人写的五年后的预言，小心翼翼地放在衣袋里，又用手轻轻地拍了拍。

三个人心领神会，相视而笑。

他们沐浴在夕阳的余晖下，挂满笑容的脸上显得很生动。

问题又自然地转到丁肇中身上。商武望着丁肇中说："对啦，大头丁，再过两个礼拜你就走了，心里难过吗？"

"当然难过，去年我在成大，就好想家。这回去得更远，我也不知道熬不熬得住。你们千万要多给我写信啊！"

"那当然，老朋友啦，怎么能不通信？"商武拍了拍丁肇中的肩膀说。

"那是，那是。"顾德楷也附和着说。

"你出去以后，有什么打算？"顾德楷问。

"我还不知道。布朗教授可能会想办法替我申请奖学金。我在报纸杂志上看到，美国大学生都是靠寒暑假打工赚钱，供应自己上学的，我想，我靠这个办法，也可以自己解决读书的学费吧。"

"你爸爸妈妈会让你去打工吗？"商武问道。

"我跟他们谈过了，他们很赞成。"

"你住在哪里？"

"我可能会住在布朗教授家里吧，然后再想办法，我不想给他增添麻烦。"丁肇中回答道。

碧潭的碧水清澈幽深，在夕阳余晖的照射下，发出熠熠的闪光，美得令人陶醉。他们游玩了一天，时间不知不觉地在脚下溜走，仍觉得还有说不完的话。

商武站起身来，拍拍裤子后面的灰尘说："我们回去吧。再到你家坐坐，看看你的纪念册去。"

三个人一起，沐浴着太阳的余晖，回到台北市丁家宅院。

3. 豪情壮志

在丁肇中家里，三个人又饶有兴趣地翻起了丁肇中的纪念册，同学们毕业赠言中鼓励的话语又重新燃起了丁肇中的一股豪情。

石明在赠言中写道："你的特长是数理，你的短处是缺乏运动。你的个子总要比我高三分之一，但是在运动场上，无论是跑、跳、单杠，你总无法赢过我。"

丁肇中指着这一段赠言说："我觉得石明讲得很对，我是不太喜欢运动。我觉得物理上的现象更能吸引我的兴趣。"

顾德楷提醒他说："可是身体也很要紧呀！"

"我知道了，今后我要适当增加些锻炼身体的活动。"丁肇中答应着。

郝友礼同学的临别赠言是："你的理科可以说是班上无敌手，我希望你集中全力向理科进攻，发明几个丁氏定理。"

丁肇中又看到了这段赠言，他翻动纪念册的手变得沉重起来。同学们对他的希望很大，他要努力向这个目标前进。

当翻到周志廉和赵文彬同学的临别赠言时,商武禁不住说:"大头丁,看来你念物理是正确的,尤其是美国的读书环境,一定比我们优异。我希望你真能够发现宇宙间从未发现的东西,为国争光呀!"

商武的话如一把重锤,重重地敲击着丁肇中的心灵。

直到夜深人静,两个同学才与丁肇中依依惜别。丁肇中回到房里,心中依然充满激情,久久不能平静下来。父母的希望,老师的重托,同学们的祝愿,像电影中重放的镜头,一幕一幕在他面前重现,他感到了自己肩上担子的沉重……

离开台湾的日子快到了,丁肇中的心情格外激动,他感到了一种无形的心理压力,这日子越临近,他感到这压力就越大。他要沿着父母走过的去美留学的道路,重新走上一遭。神秘的国土在等待着他,陌生的生活在等待着他。他就要离开父母、亲友、弟弟妹妹和那些朝夕相处的同学朋友们,这最后的几天,他简直感到寝食不宁,整个人处在一种极度的兴奋状态。

1956 年 9 月 6 日,这一天终于来临了。丁肇中怀揣 100 美元(这是父母为他准备的生活费),和母亲一起登上飞机的升降梯(母亲去美国访问,她顺便陪着丁肇中一同登机前往美国)。他站在飞机的舷梯上向前来送别的父亲、弟弟妹妹和朋友们挥着手,同他们告别,向养育他的大地告别。

飞机升上蓝天,翱翔在白云之上,它稳稳地飞过高山,飞过河流,飞过草原,地面上的一切都变小了。飞机飞到了太平洋上空,下面是一望无际的海洋。那蔚蓝色的大海,在高空中看下去显得那么平静,那么安详。

然而此刻丁肇中的脑海里却正在翻卷着层层波浪。他又想起了纪念册中同学们对他的鼓励和祝愿,郝友礼的赠言又浮现在眼前:"你的理科可以说是班上无敌手,我希望你集中全力向理科进攻,发明几个丁氏定理。"

我能发明几个丁氏定理吗?

我有这个能耐吗?

我能不辜负亲人的重托吗?

这一连串的疑问在他的脑海里盘旋。他又想起了挂在中学校园里的那条横幅,那条老校长引用的苏东坡的话:"古之立大事者,不惟有超世之才,亦必有坚忍不拔之志。"

他想:

只要我坚忍不拔,发奋求索,发明几个丁氏定理又有何难!

他的胸中充满了豪情壮志。

五

　　他怀揣着 100 美元踏上了美国国土。他要接受新的挑战，向科学知识的堡垒发起冲击。他 5 年内跨越了一般人需 10 年才能跨越的历程。

1. 争取奖学金

　　1956 年 9 月 6 日，飞机缓缓地降落在美国底特律机场。丁肇中踏上了美国的国土，回到了 20 年前他出生的地方。这时的他，身上只有 100 美元，只认识一个布朗教授，英语会话能力很差。很多困难摆在他的面前，他该怎么办呢？

　　在旅途中，他认识了李怡严同学，原来李也是到密歇根大学求学的，学的也是物理学。丁肇中非常高兴遇到这个旅伴，两个人越谈越投机，当飞机在底特律机场降落时，两个人已经成为朋友了。

　　布朗教授已为丁肇中来美做了必要的准备，他在家里为他安排好了房间，准备了一些必需的生活用品，就等着丁肇中的到来。

丁肇中来了，布朗教授为他设宴接风。在吃饭中间，丁肇中告诉他不打算住在他的家里，要住在大学的单身宿舍里。布朗教授听了点点头，他赞赏丁肇中的自立精神，并说有困难可以随时找他帮忙。

丁肇中和李怡严相约，一起住在密歇根大学的宿舍。两人同是炎黄子孙，在宿舍内按照中国人的生活方式生活，在外面努力适应美国人的生活方式，他们互相照顾，亲如手足，很快克服了初到美国带来的种种不习惯，融入了美国社会之中，变成了美国社会的一分子。他们在一起度过了三个年头，成了真挚的同窗和朋友。

丁肇中的父母以工资收入，维持一个五口之家的生活，日子过得不宽裕。他们给了丁肇中100美元的生活费。这100美元在美国这样的高消费国家，能派多大的用场呢？

摆在丁肇中面前的任务是艰巨的，他知道，他要完成学业，就要设法筹集到一笔经费，而这笔经费的获得，只能依靠自己学业上的优异成绩，争取拿到奖学金。如果拿不到这笔钱，他就只有到商店、餐馆打零工，挣钱养活自己，而那样做，他就要失掉不少的宝贵时间，在一定程度上影响到他的学习，这对于前来求学的他来说，是很不划算的，他不愿意这样做。

为了实现自己的奋斗目标,丁肇中谢绝了一切游玩的邀约,全身心地投入到学习之中,把大部分的时间消耗在实验室里。

丁肇中在布朗教授的协助下,终于申请到了一笔奖学金,足够维持生活费用。

后来,丁肇中在回忆这段经历时说:"那时我真的懂得不多,对美国的生活一无所知。在国内的时候,我在书刊上读到,许多美国学生是自己挣钱,维持生活,读完大学的,我告诉父母也准备这样做。当我1956年9月6日到达美国底特律机场的时候,口袋里只有100美元,在那时,我这点钱好像蛮不错了。我举目无亲,不免有几分担心……"

丁肇中通过自己的奋斗,克服了初到美国所带来的生活和经济上的困难,为他继续向着预定的目标迈进,打下了初步的基础。

2. 三年拿下两个学位

按照美国的教育制度,大学需要四年才能毕业,然后获得学士学位。

丁肇中经常想着:我能不能缩短大学的进程?

他决心用自己勤奋的双手推开沉重的科学大门,他要走进去尽情采摘科学的丰硕果实,他要用三年的时间完成四年的学业,把那装满大学知识果实的篮子掭在自己的手里。

他在心中编织一个梦想,这个梦想很灿烂,在他的遥远的前方闪闪发光。他要追寻这个梦想,捕捉这个梦想。然而在通向梦想的路途上似乎布满了荆棘,显得坎坷崎岖、凹凸不平。他想,既然选择了这条通向梦想的道路,就不能退缩,就要勇敢地走下去,砍去一丛丛荆棘,搬掉一块块拦路石,填平阻挡步伐的沟壑,一步一步地接近那闪耀着光辉的梦想的终点。

炎热的夏季,学校花园的树荫里留下了他苦读的身影。

严寒的冬天,学校图书馆、阅览室闪动着他查资料、搞研究的深邃的目光。

教室里,他认真地听教授讲课,向老师询问问题;宿舍里,他伏案学习,电灯常常亮到很晚很晚。

大学阶段学习生活当中,他是教授最感头痛的"问题"学生。他常常问一些奇怪的问题,使老师无法回答。老师们经过苦苦思索以后,才能解答他的疑问。

他用三年时间读完了四年的全部课程,获得了优异的成绩。学校同意让他提前毕业。1959年,他获得了密歇根大学数学和物理学两个学士学位。在美国学习的第一阶段被他提前跨越,他已经打破了同学们的预言,向着更加宏伟的目标进击了。

丁肇中毕业时,身体消瘦了许多,他那魁梧的身材显得苗条起来,眼睛周围常常布满睡眠不足的黑眼圈。他太疲倦了,三年来，他像一只上满了发条的钟，不停地运转着。他多么需要休息一段时间，放松一下神经，调整一下生活的节奏。然而，他没有停下脚步，就像刚打完了一个漂亮的战役，他又瞄准了下一个目标。

大学毕业后，丁肇中得到了奥克瑞奇中心从事粒子研究的奖学金，其中包括几所大学的学费和研究费用。

他准备用这笔奖学金做他攻读研究生的费用。于是，他开始在东海岸忙碌奔波，接受各种不同的面试，最后，他决定在普林斯顿做研究工作。

他开始收拾行李，告别和他同窗三年的好友李怡严。三年之中，他们两人互相帮助，互相促进，度过了多少难忘的日子，一朝分离，两人不免在心里都有淡淡的伤感。

这时，又有一个机遇在等待着他，使他改变了原来的决定，并对他终生有着巨大的影响。

3. 生活伴侣

正在丁肇中收拾行囊，准备离开密歇根大学的时候，他收到一份请柬，学校邀请他参加优秀学生的聚餐会。这样的聚餐会每年都要举行一次，被邀请参加的学生，都是学习成绩优异者。参加这样的聚会，被视为一种荣誉。在聚会上，大家欢聚一堂，相互交流学习体会，探讨科技发展的前景，彼此增加友谊和了解。一般被邀请的学生，都怀着兴奋的心情，慎重对待这次聚餐会。

那天晚上，丁肇中穿着笔挺的西服，打着鲜艳的领带，头发也梳理得整整齐齐。他风度翩翩地走进灯火辉煌的聚餐厅。这时的聚餐厅里已经充满欢声笑语，男女学生一个个都显得容光焕发，充满着青春的活力。

丁肇中笑容满面，潇洒自如地活跃于同学们之间，他和熟识的同学打着招呼，大家相互问候、寒暄着。他被引见给原来不认识的同学，结识了新的朋友。在平时，丁肇中埋头于书本中，忙碌于实验室中，根本没机会参加同学们的联谊活动，显得沉默寡言。今天，丁肇中已经完成了大学的学业，一改往常执着于科研、不修边幅的形象，以出众的外貌、幽默的谈吐出现在聚餐会上。

丁肇中在聚餐会上吸引了大家的注意，这时候，一位纤秀温柔的女学生开始注意到他。这位美国姑娘有一双明亮的大眼睛，扎了两个小辫子，身穿雪白的上衣，配上天蓝色的裙子，显得温雅、漂亮。经人介绍，她出现在丁肇中面前。

"您好！我是建筑系的学生，露易斯·凯蕙。"姑娘热情地向丁肇中问好。

"我叫丁肇中，物理系学生。"

丁肇中第一次看见凯薏,听到她那悦耳的声音,不由产生了好感,他赶忙也做了自我介绍。

从他们见面这一刻开始,月下老人已用红丝线把他们两人的命运牢牢地拴在一起,他们将风雨同舟,共同面对新生活的挑战。

从这天开始,丁肇中和凯薏便经常约会,两人一起谈学习,谈理想,谈未来的生活,渐渐地发展到无话不谈,再后来,两人发觉彼此已经不能离开对方了。

1959 年的一天,丁肇中写信给自己远在台湾的父母,告诉他们自己决心要娶端庄贤惠的美国姑娘露易斯·凯薏为妻,这给了他父母意外的惊喜。凯薏学的是建筑专业,学习成绩也很优异。凯薏有一双深邃的大眼睛,忽闪忽闪的,透出智慧和灵气。她皮肤白皙,身材颀长,亭亭玉立,浑身透出蓬勃向上的朝气。同时,她也是一个很有主见的人,在学习和生活上都有自己的见解,从不随波逐流。

凯薏生在美国,长在美国,她有着美国社会培养出来的良好的素养。丁肇中虽然生在美国,但在两个月时就随母亲回到中国,从小在中国长大,他的祖先也是中国人,他是中华民族文化熏陶出来的炎黄子孙。他们的结合,是东西方文化的融合,这种文化的碰撞,将产生出新的智慧的火花。凯薏同时也是一个家庭观念很强的人,她认为,一个家庭应该像一艘漂浮在大海中的小舟,船上的人要彼此照顾,互相依靠,随时谅解和安慰对方,在人生的旅程中,共同航行到彼岸。在以后两人相伴的日子里,事实也说明了这一点,正是凯荙对丁肇中事业的全力支持,才使丁肇中攀登上科学的高峰,最终摘取了顶峰上那颗闪闪的明珠。

1960 年年底,丁肇中和凯荙在密歇根大学附近的基督教堂举行了婚礼。丁肇中选择安·亚伯尔作为结婚地点,是因为他是在这里出生的。陪着他们走进教堂的男傧相,是他同室居住三年之久的好友李怡严。

他们的婚礼简单而热烈,只用蛋糕和饮料来招待宾客,大家也送一些礼品来祝贺这一对新婚夫妇。

丁肇中得到了露易斯·凯荙这位生活和事业上的伴侣的支持,他在未来科学探索的道路上,将会加快步伐。

4. 两年拿到博士学位

丁肇中本来打算去普林斯顿读研究生,由于认识了露易斯·凯荙而改变了生活方向,他决定留在密歇根大学继续深造。

他们二人结婚以后,丁肇中由于得到了爱情的动力,在学习中变得更加勤奋。由于生活上得到凯荙的无微不至的关心,他在科研中增加了更多的时间。他总结了大学提前毕业的经验,决心在短时期内拿到博士学位。

攻读博士学位和攻读学士、硕士学位不同,难度更大。不仅要有广博的知识,而且要在所研究的领域有更深入的建树。运用更复杂的物理实验,是达到这一目标的必要手段。为此,他制订了严格的学习计划,不愿意浪费掉一分一秒的时间。在这方面,他要求自己到了苛刻的程度。他不是沉浸在书本中,就是把自己关在实验室里。他常常为了查找一个资料而彻夜难眠,也常常为了做好一项实验而废寝忘食,全身心地投入实验之中,常常忘掉了时间的存在。

正在这个时候,丁肇中的母亲王隽英患了肠癌,在台湾医治无效,1960 年转到美国治疗。丁肇中为了治好母亲的病,陪着母亲四处求医,精心照顾母亲的起居饮食。但是,王隽英的病已到了晚期,凭当时美国的医疗条件,虽全力进行治疗,也不能抑制住癌细胞的扩散和发展,她最后还是离开了人世。丁肇中与母亲的感情很深,母亲的去世对他打击极大,他身心交瘁,一时陷入了极端痛苦之中。

这时,贤惠的妻子凯薏及时安慰他、开导他,给他精神上的安慰、体贴和生活上的细心照顾,拂去了他精神上的创伤,使他逐步恢复了常态。他带着对母亲深沉的爱,带着母亲对他的殷切希望,继续投入攻读博士学位的学习之中。

丁肇中的母亲曾经对他说过:"不管学哪一行,你一定要成为那一行里面的佼佼者。"

丁肇中已经把这句话深深地印在脑海中，他总是对自己提出更难更高的要求，在与同行的竞争中力争做到与众不同，总是要比别人想得更深一点，做得更多一点，走得更远一点，因此他总是比别人付出更大的努力。

他在博士生中学术水平超过同行，连指导老师也常常感到难以指导他的科学研究。他在密歇根大学物理研究所只读了两年，就学完了博士生的课程，指导教授们经过研究，认为他已经达到博士的水准，就让他提交了毕业论文，让他提前毕业了。他又一次超越了同学们的预言。

父亲丁观海后来回忆起丁肇中的这段经历时，说道："肇中花了两年时间，就提交了博士论文，得到密歇根大学的博士学位。主要是他在密大物理系，已经成为知名的学生，常常提出问题难倒老师，所以他只念了两年，在1962年，密歇根大学就赶快把他送走。"

按照美国的教育制度，大学四年可以获得学士学位，然后经过研究生院五年或六年才能获得硕士和博士学位。丁肇中只用了三年的时间就取得了学士学位（而且是取得了两个学士学位），用了一年获得了硕士学位，又用了两年时间获得了博士学位，一般美国青年要用十年左右的时间走过的漫长路程，丁肇中只用五年时间就走完了。同学们预测他五年后获得硕士学位，而后作进一步博士学位之追求。这一预测又被他顽强地打破了。

当记者后来谈到他这一段经历,问丁肇中有什么秘诀时,他总结了三条:

第一,坚强的意志,刻苦的精神。

第二,独立思考,以智取胜。

第三,对知识浓厚的兴趣和强烈的事业心。

这三条的意思可以归纳为三个字:苦、智、趣。

对于"苦",丁肇中说:"一个人在扎根基时是要下苦功夫的,如果自幼便思而不学,将来难免流于轻浮。"

对于"智",丁肇中说:"把书本知识变为自己的精神财富,要靠独立思考,不死记硬背。"

对于"趣",丁肇中指的是兴趣和事业心,兴趣能激发人深入探索真理,而事业心则是一个人持之以恒的动力。

丁肇中正是以这三条克服了他学习中的重重困难,成为同时代学生中的佼佼者。

5. 崇拜法拉第

丁肇中从中学时候开始,就迷上了物理学、数学、化学,他利用业余时间看了许多物理学、数学方面的书,还阅读了许多科学家的传记,如牛顿、伽利略、爱因斯坦、达尔文、居里夫人、法拉第等人的传记。这些杰出科学家对科学的钻研精神深深地鼓舞着他，他们巨大的人格力量深深地印在他的心灵上，成为他献身科学的巨大动力。

在这些科学家中，他最崇拜的是法拉第。

迈克尔·法拉第 1791 年出生于英国伦敦城南的萨里郡纽英顿镇一个乡村铁匠家庭，他家的生活极度贫困，一家 6 口人，靠父亲开一个铁匠铺勉强维持生活，繁重的体力劳动把父亲累倒了，一家人生活无着，靠到慈善机构里领一份救济粮过日子。迈克尔·法拉第一天只能领到一片面包，对于 9 岁的他来说，这片面包一顿就可以吃完，怎么能够维持一天呢？

法拉第只念了几年小学，在他 13 岁的时候，就离开了学校，去当学徒了。

瘦小的法拉第先是当小报童，给人送报；后来当订书匠，装订书报。他白天给老板干活，晚上读书，常常沉浸到书的海洋里，从《一千零一夜》到《莎士比亚戏剧全集》《大英百科全书》《化学漫谈》等等，他自学了很多知识。他在 7 年的学徒期中，没有工资，只管食宿。只要有饭吃，有书读，法拉第已经感到很满足了，他像一位拓荒者，正努力开垦那丰腴的知识处女地，从中得到取之不尽的知识宝藏。

一次，他给客户送书报回来的路上，看到大街上橱窗里登载了一则广告，他被吸引住了：

戴维先生,主讲自然科学,每次收费 1 先令。地点:多西特街 53 号。

顿时,法拉第眼睛发亮,仿佛发现了金子一样,心里豁然开朗。他似乎下意识地掏了一下口袋,口袋里空荡荡的,他失望地回到了居住的小阁楼里。夜幕降临,他又开始读书。

第三天,当铁匠的哥哥罗伯特来看法拉第,罗伯特听弟弟讲非常想听戴维先生的演讲,他理解弟弟,曾几次听他说想探求自然科学的奥秘,也知道弟弟多么迫切地想听戴维的演讲。

罗伯特从口袋里摸出几个先令放在弟弟的手里。法拉第的心情变得十分沉重,他知道,爸爸的病越来越重,家里全仗着哥哥一个人挣钱养家。罗伯特的钱就是爸爸治病的药、妈妈和妹妹的面包……想着想着,他流出了泪水。

法拉第坐在皇家学院演讲大厅的第一排,用心地听,用心地记,戴维 4 个晚上的演讲结束后,法拉第工工整整地记了一大本子。

戴维教授的自然科学讲演在法拉第的面前展开了一个新天地,他被戴维教授的渊博知识深深地吸引住了。

法拉第回来后,把他的记录稿装订成册,上面印了几个大字:《亨·戴维爵士讲演录》。他把这本书寄给了戴维,还附了一封想到他身边工作的信。戴维收到书后感到很奇怪,自己从来没有出版过讲演录,从哪里来的这本书?他翻看着法拉第整理的讲演记录稿,受到了感动,这本380多页的记录稿,讲过的内容,他全记上了,没有讲到的内容,他全补上了,还配上了精美的插图。这份珍贵的礼物里熔铸了多少爱戴、敬仰和信任!

戴维决定帮助法拉第!

他想办法把法拉第调到英国皇家学院实验室工作,让他当自己的实验助手。从此以后,法拉第在皇家学院整整待了50年,直到他在这里逝世。

法拉第到了实验室以后,拼命地工作和学习,他是戴维的助手、仆人和管家。他从无怨言,只有报知遇之恩,只知忘我地工作。

他第一个重大发现是电磁感应;

他发现了液态氯和气体液化的新方法;

他写下了《电学实验研究》的不朽巨著;

他发现了磁极旋光效应。

法拉第以他一生献身科学的宏伟建树在人们的心中树起了世界科学家的地位。

法拉第一生淡泊名利,过着清贫的日子:

政府颁发给他年金,他拒绝不受;

官方想封他为爵士,他婉言谢绝了:"我出身平民。我不想成为贵族。"

英国皇家学会两次请他出任会长,都被他谢绝。

法拉第的做事原则受到了妻子萨拉的支持,萨拉一生主张不聚敛钱财。他们虽然自己日子过得很不宽余,但总是设法帮助有困难的亲友、同事和其他穷人。

法拉第在临终前最放心不下的是,他没有给心爱的妻子留下多少财产,还担心将来没有人照顾她。

这位穷苦人出身的伟大科学家,为后人树立了楷模,影响了全世界多少青年人为科学而奋斗。丁肇中就是其中之一,他立志要像法拉第那样为科学而献身。

他说:"法拉第无论在成就、人品以及背景上,他都可称得上是一位伟大人物。你们知道他的背景很差,是苦学生。这显示出只要你肯干自强,一个普通人也可以有伟大的成就。"

丁肇中成名后,又说:"我建议搞物理、化学的青年,看一看法拉第、达尔文的传记,包括我知道的其他著名的科学家,没有一个人不是把全部精力花在科学上,真是不计成败,全力以赴。"

六

由理论物理研究转到实验物理研究，丁肇中经历了他个人研究方向的重大转折，找到了科学研究的主攻方向，为他未来获得诺贝尔奖奠定了牢固的基础。

1. 到加州做实验

丁肇中在密歇根大学物理研究所攻读博士学位，他顺利地度过了第一个学年，迎来了第一个暑假。

那一年，是他和凯蕙结婚的第一年。他们结婚以后，两人没有陷入卿卿我我的缠绵之中，没有假期，没有蜜月旅行。这一对新人共同投入到对各自事业的追求之中。

结束了繁忙的第一个学年，夫妻俩在各自的研究领域里都取得了丰硕的成果，他们俩商量要利用暑假去旅游一番，去享受生活，享受爱情，打算补过一下他们的新婚蜜月，用短暂的休息洗去一年来学习、工作的劳累。

他们兴奋地在一起制订旅游路线，凯薏找来了名胜地图册，计划着在每一个景点的时间、住宿等，做着出发前的各项准备。在使用交通工具方面，两个人的意见出现了分歧，凯薏主张开汽车旅行，这样比较方便，而丁肇中则说骑自行车来得更惬意。

正当他们做好了各项准备，即将出发的时候，有两位物理学教授找到了丁肇中，问他是否愿意在暑假做一项带有实验性质的科研工作。原来，丁肇中在攻读博士研究生的第一个年头，他的才能就被马丁·蒲尔和琼斯两位教授看中了。

蒲尔教授对丁肇中说："我们正在加利福尼亚从事一个实验，暑假需要一名助手，我们愿意付三百美元工资和来回飞机票。另外加上你们夫妻两人去加州的旅费和生活费用。"

丁肇中听到这个消息，显得很高兴，这正是他求之不得的机会。他对两位教授说："我没有问题。不过，我还得和凯薏商量一下，再给你们答复。"

凯薏为假期旅行做了精心的准备，丁肇中怕这样做会对凯薏造成心情上的不愉快。哪知他和凯薏一说，凯薏也欣然同意，说旅游今后可以再找机会的。

这样，两人放弃了暑假的旅游机会，收拾好行李，来到了从未到过的加利福尼亚州。

到了加州以后，丁肇中立即投入了物理实验研究之中，这时，凯薏充当了他的助手。

丁肇中设计实验程序,安装实验器具,而凯薏则负责安排两人的生活。在丁肇中忙的时候,她还帮助摆放实验设备,观察实验过程,抄写实验数据。凯薏从和丁肇中结婚开始就为丁肇中的科学实验工作充当了好后勤的角色。

由于两位教授对丁肇中很信任,放开手让丁肇中做各项实验,因而丁肇中在实验中充分显示了自己的才能,从头到尾独立完成了实验的全过程。

丁肇中后来回忆这段经历时说:"我很幸运,那两位教授不大管我,我没有依赖,什么都要自己动手,所以学得很快。当然我要工作得很勤奋,我一直对自己的工作十分有兴趣。"

丁肇中这个暑假虽然没有去旅游,但他认为过得很有意义,比旅游过得更充实,而且收获很大。只是他觉得有点委屈了凯薏,当他为此事向凯薏表示歉意时,凯薏微笑着说:"这也是我同意的。"言语中表现了对丁肇中的理解和支持。

丁肇中这次在加州进行的科学实验,对自己是个很好的锻炼,培养了自己的能力,积累了不少的实验数据,取得了预期的实验效果。后来,他根据这些实验的数据写成了四篇论文,发表在美国很有影响的《物理评论通讯》杂志上,它们是:

《π 介子——质子在 3、4、5GeV/c 的强性衍射散射》;

《高能物理中薄板火花室的运用》;

《在 3GeV/c 和 5GeV/c 之间的 π 介子——质子的弹性散

射》;

《π + p→p + d 反应证据及某些研究有效（或虚）核子交换过程的方法》。

这些反映基本粒子实验方面的论文,发表后引起了物理学界的重视,特别是受到加州大学伯克利分校的好评,并得到了充分的肯定。

丁肇中这次暑假的科学实验工作,使他步入了实验科学的领域,并且初步显示出了他杰出的才能。他自己可能也没有料到,他已经和基本粒子的研究结了缘,那些没有露面的基本粒子在暗中正窥视着他,等待他去发现它们,把它们从物理科学的浩瀚海洋中发掘出来。

2. 乌伦伯克教授的话

丁肇中顺利结束了在加州的科学实验,在新学期到来之前,和凯薏一起回到了密歇根大学。

他难以忘怀和两位教授分别的情形。实验结束后,琼斯和蒲尔举办了一个小小的庆祝宴会,两位教授举杯向丁肇中和凯薏夫妻两人祝贺,赞扬丁肇中的实验取得圆满成功,希望今后有机会再次合作。

席间,两位教授流露出挽留之意,蒲尔教授对丁肇中说:

"你如果留下来搞实验物理,获得博士学位,一般是不成问题的。"

听了蒲尔教授的话,丁肇中陷入深深的沉思之中。回到密歇根大学以后,丁肇中仍然在苦苦地思索着这个问题,心中充满了矛盾。

物理学界有两种物理学家,一种是理论物理学家,一种是实验物理学家,一种科学发现或发明的诞生,一般由理论物理学家在前人研究的基础上提出理论,做出假设,然后由实验物理学家经过实验去证实,确定理论的正确性,这样就把物理学的研究向前推进一步,到了一种新的层次、新的境界。

在物理学的研究中,有的人偏重于理论性研究,有的人偏重于实验性研究。

在当时,许多美国青年都热衷于理论物理的研究,大多选择理论物理的研究专业。在美国的中国留学生中也有许多人在攻读理论物理,想跻身其中,取得一鸣惊人的成就,从而在物理学界站稳脚跟。

丁肇中在中学时代就对理论物理的研究感兴趣,来美国留学以后,他也一直把理论物理的研究当作自己的主攻方向,阅读了许多理论物理学书籍,一直做着理论的计算。

现在,蒲尔教授鼓励他进行实验物理的研究,他该怎么办呢?如果转到实验物理的研究上来,他就要放弃理论物理的研究,而自己在这方面倾注了大量的时间和心血;如果还进行理论物理的研究,自己这项终生为之奋斗的选择是不是明智的、正确的呢? 他的决心发生了动摇,他在这个人生重要的十字路口徘徊起来。

丁肇中所在的密歇根大学,是一所著名的大学,这所学校里有不少世界有名望的物理学教授,如丁肇中的导师、电子自旋发现者乔治·乌伦伯克教授,以及凯斯教授和拉波特教授等人。这些教授具有远见卓识,在物理学领域里站在科研的前沿,洞悉世界各国的物理研究状况,有着渊博的知识,他们带出来的研究生遍布欧美大陆,有不少已经卓有建树。

丁肇中在密歇根大学师从这些教授,他的学业和科研精神,获得了这些老教授的好感,他在这些教授的指导下,正一步一个脚印地取得稳定的进步。

丁肇中决定求助于他的导师们。

著名的实验物理学家乔治·乌伦伯克教授仔细地倾听了丁肇中的想法后,他微笑着对丁肇中说:"如果我能从头干起,我就做实验,因为一名普通的实验员很有用,而一名普通的理论物理学家却一点用也没有。在理论物理的领域里,只有极少数理论家是重要的。但在做实验时,不论你做点什么都是一种贡献。"

说到这里,乌伦伯克教授看了看丁肇中的表情,又一针见血地对他说："假如你想做一个理论物理学家，你一定要极出色才有用，一个普通的理论家简直毫无用处，但一个普通的实验家却可以有些贡献。很多有志于科学的中国人不愿做实验，而要做理论，这样的选择是值得怀疑的。"

乌伦伯克教授是世界闻名的实验物理学家，他治学严谨，为人随和，尤其肯提携青年学生。他的一番肺腑之言深深地打动了丁肇中的心灵，使他心中的天平指针产生了倾斜。

丁肇中想，自己开始选择理论物理的研究，是具备这方面的能力的，但搞理论物理的人很多，自己具备这方面的能力，有研究理论物理的优势，并不一定就能取得出色的研究成果。如果自己转入实验物理的研究，是不是也可以导致理论物理方面的某些突破呢？

他渐渐地有了新的思路。过去都由理论物理创出理论，由实验来加以验证，难道不能把这一顺序颠倒过来，由实验来导致理论的产生吗？

丁肇中是一个思维非常敏捷、非常活跃、非常独特的科学工作者，他在科学探索的道路上，善于总结前人的经验，找出别人的得与失，从而寻找出适合自己的方法来。现在，他又打算在实验物理的研究上走出与众不同的道路来。

他的想法得到了乌伦伯克教授和凯斯教授、拉波特教授等人的支持。

中国有句古话："名师出高徒。"说明了徒弟在求学过程中得到名师指点的重要性。

名师站在科学发展的最前沿，他们随时注视着科学研究的新形势，注视着新动向。他们掌握着科学领域中新的情报信息，对相邻学科也给予关注，具有预见的眼光。

丁肇中正是在关键的时刻，经过乌伦伯克这样的世界著名科学家的指导，才使他在攀登物理科学的高峰时，选择了一条最近的道路，使他遥遥领先于其他许多攀登者。

3. 在哥伦比亚大学

1962 年，丁肇中在密歇根大学提前获得物理学博士学位。他学有所成，即将步入社会，以自己的学识为社会服务。

丁肇中由于学习成绩突出，科研上已初露锋芒，他的才华引起美国物理学家的注意，很多地方都邀请他去工作，他面临着对工作的困难抉择。

鲁彻斯特大学对他最热情，愿给他助理教授的头衔，聘请他去从事教学和科研工作。但是，丁肇中没有去应聘这个高职务，他把目光投向了哥伦比亚大学。

哥伦比亚大学是美国一所著名的大学，这所学校历史悠久，名人云集，科研基础雄厚。著名美籍华人、诺贝尔奖获得者杨振宁博士、著名实验物理学家、美国物理学会会长吴健雄博士等都在该校教学并做研究工作。这对丁肇中极有吸引力。

哥伦比亚大学尼文斯实验室需要研究助理，这一职位只相当于讲师的待遇。但丁肇中目光远大，他不在乎眼前的待遇，他要在名人手下工作，尽快练硬自己的翅膀，早日实现在蓝天中自由翱翔的愿望。

他决定去哥伦比亚大学的另一个原因是，他母亲的墓地就在距哥伦比亚大学不远的地方，丁肇中一生受其母亲影响最大，也最孝顺母亲。他想在距母亲安息地不远的地方工作，可以随时凭吊瞻仰。

他决定去哥伦比亚大学应试。

哥伦比亚大学的门槛是难以迈过去的，它素以物理方面的研究而闻名世界，录用人才必须经过严格的考试。主持面试的就是著名的诺贝尔物理学奖获得者杨振宁教授。

应试的大厅里坐满了报名者，有男有女，有美国学生，也有外国留美的学生，有白人，有黑人，也有黄皮肤的人，他们一个个面色严肃，在紧张地等待着叫到自己的名字。

通向小厅的门紧闭着，那里正在进行着严格的面试。被叫进来的学生坐在杨振宁教授的对面，回答杨教授提出的一个又一个问题。尽管他们为这次面试做了精心的准备，还是有不少学生在连珠炮似的提问面前卡了壳。有的紧张得脸色苍白，手心里攥出了汗，回答得结结巴巴的。遇到这样的学生，常常是几个问题问下来，便打发走了。杨教授面色和善，语气温和，但问的问题宽泛、深刻，他在选拔人才方面是毫不留情的。

杨教授的助手不断打开小厅的门，喊着一个个名字，大厅里的人越来越少了。丁肇中仍然神态自若地坐在那里，耐心地等待着这次面试，他的心中充满了必胜的信念。当叫到他的名字时，他站了起来，整了整自己的衣襟，从容不迫地走了进去。

他在杨振宁教授的对面坐下，怀着平常心对待这次应试，并不显得紧张。他对提出的几个问题一一作了回答，语气稳健，回答圆满，杨振宁教授显然很满意。

丁肇中顺利地通过了这次面试，被杨振宁挑中，来到哥伦比亚大学尼文斯实验室，担任研究助理，参加一个科研项目的工作。

他在杨振宁手下工作，亲耳聆听到这位物理大师的亲切教诲，又得到世界实验物理大师吴健雄博士的指点，这使他受益匪浅。强将手下无弱兵，他的同事们也都是经过挑选的经验丰富的实验物理工作者。丁肇中在这个环境里工作，精神非常愉快，他虚心求教，拼命工作，进步很快。

一天，丁肇中像往常一样，活跃在实验室里，他在昨天发现了一个异常波动，今天，他要进一步验证这个波动是不是真的存在。他聚精会神地盯着荧光屏，搜寻着每一个异常点，不断地给设备加压,他终于又发现了这个异常的波动。经过一次又一次的验证、分析,他最后确定,他发现了重氢离子。

丁肇中沉浸在初试成功的喜悦里,杨振宁教授也向他表示祝贺。丁肇中因这次成功而受到了鼓舞,也对今后的科研道路更加充满了信心。丁肇中在哥伦比亚大学很快度过了两年时光,在这两年时间里,他跟着杨振宁、吴健雄两位教授学到了不少知识,在实验室里努力钻研,取得了他自己的实验成果,可谓是牛刀小试了。

渐渐地,丁肇中在尼文斯实验室的工作满足不了他日益膨胀的求知欲望了,他意识到,自己该换个环境,到世界上去继续闯荡了。

他久久地思考着这个问题,他的思考终于有了最后的结果:"我认为从任何一个人身上所学的东西都是有限的,有两年时间已经足够了。"

他的想法得到了妻子凯蕙的支持。他于是毅然辞去了哥伦比亚大学尼文斯实验室的工作,告别了恩师杨振宁博士和吴健雄博士,舍弃了在这里的优厚待遇,去欧洲闯天下了。

4. 去西欧

在欧洲,有一个欧洲核子研究中心,该研究中心有一位物理学界赫赫有名的人物，他就是高能实验物理学家、西西里大学的柯可尼教授。

丁肇中很早就听说了他，在哥伦比亚大学尼文斯实验室时，曾在重氢离子的实验中，为了一些弄不清的问题，向柯可尼教授写信请教。柯可尼教授很快来了信，对丁肇中提出的问题进行了详细的指教，并对他的研究给予了热情的肯定和鼓励。从此，丁肇中和这位科学家结下了师生之谊，书信不断，联系频繁，他们的友谊与日俱增。

辞去哥伦比亚尼文斯实验室的工作之前，丁肇中曾写信给柯可尼教授，表示想去欧洲核子研究中心工作，亲聆柯可尼教授的教诲。柯可尼教授在研究中心做了工作，为他争取到了一个工作机会，于是，写信同意丁肇中来欧洲工作。

丁肇中接到来信，非常高兴，他和妻子露易斯·凯薏商量以后，做了简单的准备，1964 年的一天，两人双双飞赴从未到过的欧洲。

欧洲的自然风光美丽诱人，这里森林绵延，河流密布。城市建筑别具风格，令人目不暇接；大小教堂星罗棋布，令人神往；体育场馆、歌剧院点缀其中，增加了城市的魅力；博物馆、图书馆具有悠久的历史，塑造了欧洲的历史文明。

这里的森林公园、风景游览区更是一年四季吸引着世界各地的游人。各种树木挺拔秀丽，苍翠欲滴，山青林碧，给城市、乡村增添了无比的魅力。"华尔兹之王"约翰·施特劳斯的名曲《维也纳森林的故事》描述了这种景象:鸟儿的啼唱,清泉的呜咽,微风的低吟,空气的芬芳,使人神往,令人流连忘返。

在意大利境内,有两座火山世界闻名:位于那不勒斯市东南的维苏威火山是世界著名的活火山,位于西西里岛东北角的埃特纳火山是欧洲最高、最大、最活跃的火山。火山口常年热气升腾,烟雾缭绕,场面极为壮观。夜间的火山口像一条仰卧的巨龙,桀骜不驯,一股巨大的火苗向苍天喷去,形成人间奇景。它们每年吸引了成千上万的旅游者前往参观。

然而这一切似乎都与丁肇中无缘,他和妻子凯蕙一来到欧洲核子研究中心,就一头扎进实验室,开始了他进行科学研究的日日夜夜。

这里的生活条件不如哥伦比亚大学优越,薪金也只有哥伦比亚大学的三分之一,任期也只有一年。丁肇中不在乎这些,只要能学到知识,提高自己的实验能力,他就满足了。

柯可尼教授是世界物理学界出类拔萃的实验物理学家,他目光敏锐,办事敏捷,能用简单的方式透视复杂的问题,做实验时考虑周到,作风严谨。他还表现出与众不同的耐心,令许多人赞叹不已。

丁肇中跟着这样的世界级实验物理大师学习,受益匪浅。他很快就从柯可尼教授那里学习到不少的物理知识,在科学实验方面也学习了一套柯可尼风格的实验艺术。

柯可尼教授在西西里大学担任多年的教学工作,带过不少物理学的研究生,他懂得带领青年人的艺术,他待人朴实,作风严谨,言传身教,以身作则,既博得了学生的爱戴,又能和学生打成一片,创造其乐融融的科研气氛。

丁肇中来到他身边工作后,很快得到了他的喜爱。丁肇中一门心思扑在工作上,不分白天黑夜,不论节假日,学习认真,总是能很快领会柯可尼教授的意图,圆满完成教授布置的实验课题。

柯可尼教授在上晚班时,常常向丁肇中讲述西西里岛的自然景观、风俗民情、优美的民间传说。丁肇中常常被他的讲述所陶醉,忘记了工作中的苦和累。他向丁肇中描述了罗马梵蒂冈博物馆的古今稀世文物与艺术珍品,他向丁肇中讲述了一次他去那不勒斯市维苏威火山口冒险考察,差点被大风卷起的火山灰埋葬的情景,激起了丁肇中也要去火山口探险的兴趣。但是一直到他们夫妻离开研究中心,丁肇中也未能前去维苏威火山一游。

丁肇中和柯可尼教授一起工作,常常觉得时间过得很快,他们的友谊也在这不知不觉中逐步加深了。

在欧洲核子研究中心工作一段时间后,丁肇中在一个小实验中衍生了一个概念,他很想亲自进行一项实验,来证实这个概念的正确性。柯可尼教授鼓励他进行这项实验,便让他参加一个小组,研讨有关问题。这个小组已有了三个人,丁肇中和他们合作得很愉快,他们在共同的事业中结成了亲密的朋友,在后来的工作中彼此给予对方大力的支持。

一年后,丁肇中和妻子露易斯·凯薏告别了欧洲核子研究中心,告别了尊敬的柯可尼教授,告别了亲密的同事们,带着在这里学到的科学实验技能,带着珍贵的知识和友谊,返回美国,继续他科学道路上新的探索。

5. 赢了 20 美元

1965 年春天,丁肇中又回到美国哥伦比亚大学任教。这时的哥伦比亚大学,真可谓人才济济,云集了不少世界闻名的大学者,如世界第一流的杰克·斯坦伯格、李昂·黎德曼、马文·施瓦兹等都先后来到该校,担任教学和科研工作。在这些大师身边工作,对丁肇中来说,是很难得的锻炼机会,同时也给予他无比的刺激,使他以良好的精神状态去迎接即将到来的种种挑战。

丁肇中的父亲丁观海教授曾这样评价自己的儿子:"丁肇中在普通的学校里,呈现的成绩只是普通人所应有的,在最好的学校里,表现出来的是不平凡的一面。"

哥伦比亚大学里有许多黑头发、黄皮肤的中国人在这里学习和工作,在该校的物理系里形成了一个传统,在每个星期一的中午,为物理系的学者准备一顿美味可口的中国菜;在每个星期五,则为讨论会的主讲人准备一份令人满意的中式午餐。

在这种尊重中国人、尊重中国传统文化的氛围里生活,丁肇中显得非常高兴。他平时本不注重饮食,常常有什么吃什么,但在这里享受到中国菜的滋味,使他有回到祖国家中一样的感觉,那感觉真是美好极了。他的妻子露易斯·凯薏看到丁肇中那么高兴,也受到了感染,特意跑到书店去买有关中国菜谱的书籍,回到家里依样画葫芦学炒中国菜,两人吃得其乐融融,一时间,连家里也充满了浓郁的中国饮食文化的气氛。

丁肇中回到哥伦比亚大学的第一年是忙碌的,这一年他参加了哥大首席实验物理学家李昂·黎德曼的实验组,由于他出色的工作,不久就发现了抗氢同位素,美国的《物理周刊》《新闻周刊》和《纽约时报》当时都发表文章,介绍了这项发现的价值,也对他进行了赞扬,使他声誉鹊起。

这一年,他还参加了普林斯顿大学和宾州大学合办的加速器实验室的工作,使他的生活过得繁忙又充实。他在这些实验室的工作中,变得越来越老练、成熟。

丁肇中回到哥伦比亚大学的第二年,剑桥大学的一项实验,显示违反了量子电动力学,与此同时,美国康奈尔大学、麻省理工学院和哈佛大学的物理学家,也做了类似的实验,也发现违反了量子电动力学。这个发现顿时引起了物理学界各方的注意。

丁肇中看到此事，心想，我能不能对这些大学的实验与量子电动力学之间的矛盾进行验证呢？他的秉性中"不平凡的一面"占了上风，他决定试一试。他翻阅了有关书籍，经过反复思考，拟定了一份计划，准备进行该项验证的实验。他先把这份计划请导师李昂·黎德曼教授过目。

"嘭，嘭。"他敲响了导师的门。

李昂·黎德曼教授正伏案写一部书中的部分章节，听到敲门声，请他进来。

他看到进来的是丁肇中，很高兴，请他坐下。丁肇中把他的计划书双手捧着递给了他的导师。

李昂·黎德曼教授面露微笑地拿着这份计划书，看着看着他的脸上露出了严肃的表情。

李昂·黎德曼教授是世界一流的科学家，他知道这份计划书的分量。如果能澄清剑桥等大学的实验与量子电动力学的矛盾情况，也就解决了目前在物理学界为此遭到的各种困扰，使物理学的研究走入正确的轨道，这当然是一件十分有意义的事情。然而，这项实验花费大——目前美国无人愿意支付这笔巨款，时间长——需要花费三四年的工夫才有可能取得结果，困难多——需要使用很精密的电子仪器设备，而这正是丁肇中的弱项（他还从来没用过这种仪器）。

面对这些情况，李昂·黎德曼不得不阻止这位他器重的年轻人，停止他对这项实验的尝试。丁肇中正在从事着一些极为重要的实验，停下手中的工作，而去用三年的时间做另外的尝试，他认为，这对丁肇中来说是得不偿失的，他不愿意看着丁肇中浪费掉宝贵的时间。

李昂·黎德曼教授劝丁肇中放弃这项实验。

丁肇中则试着说服导师："只需要一年不到的时间就可验证剑桥等大学实验的真伪。"

李昂·黎德曼教授摇了摇头，再次否定了丁肇中的意图。

丁肇中倔强的性格这时又起了作用，他非要坚持下去不可！

双方争执不下，久久僵持着。

这时，戏剧性的场面出现了。只见李昂·黎德曼教授又微微摇了摇头，微笑了一下，说："我们来打个赌吧。""怎么赌法？""你若能在短时间内做出实验，能说明剑桥实验的正确与否，我就输给你20美元。反之，你就输掉20美元，赶快回头做我们的实验。"

"好吧！"

丁肇中很高兴地答应了。他很乐意接受这个挑战，他的不屈的性格促使他一定要赢得这场比赛。

西德汉堡同步加速器研究中心是世界著名的物理实验中心，那里有世界一流的设备、世界一流的实验物理学家。丁肇中把目光瞄向那里,决定向该研究中心求援。

丁肇中在意大利欧洲核子中心工作时的同事兼好友格斯塔夫·韦伯教授,这时已调到汉堡,主持汉堡同步加速器研究中心的一个实验组的工作,丁肇中就写信和他联系,谈了他的实验的意义和准备情况,争取获得格斯塔夫·韦伯的支持。

格斯塔夫·韦伯接到丁肇中的信后,知道老朋友在物理学界逐渐崭露头角,并且对他锲而不舍的追求精神表示赞赏。对于他的要求,自然伸出援助之手,给予大力支持,同意丁肇中去汉堡同步加速器研究中心去完成这项实验,想办法为他解决这笔巨额实验经费。

丁肇中接到格斯塔夫·韦伯的回信,喜出望外,他立即做临行前的准备,嘴里哼着京剧小曲,一天都沉浸在兴奋之中。

丁肇中乘飞机赶赴西德汉堡后,立即投入了这项实验。他不分白天夜晚,终日泡在实验室里,常常送走晨星,迎来黎明;告别落日,又迎来一个不眠之夜。

在实验中,他克服了遇到的一个又一个困难,搬掉了一个又一个拦路石,只用了半年时间,就完成了这项实验。

1966 年 9 月,他的实验圆满完成,证实了量子电动力学的正确无误,说明剑桥大学、康奈尔大学、麻省理工学院、哈佛大学的物理学家所做的实验是有误差的,从而纠正了他们的错误,维护了量子电动力学的地位。

李昂·黎德曼教授看到丁肇中在这么短的时间内取得如此惊人的成果，为丁肇中的成就由衷地感到高兴，心甘情愿地输给了丁肇中 20 美元。

丁观海教授在回忆儿子这段经历时说："1966 年 9 月，他澄清了以往不能澄清的问题，因此树立了他在国际实验物理学界的地位，也和西德汉堡同步加速器研究中心有了密切的关系，受到了特别的礼遇。到现在，还为他保留着'客座'的待遇。"

丁肇中不满足于已经取得的成就，他瞄准了新的目标。

这一年，他给父亲的家信中，充满了献身于物理学的豪情壮志："未来十年将会有希望获得诺贝尔奖。"

十年漫长坎坷的科学探索道路在等待他去跨越，他有希望攀登上物理学的最高峰吗？

七

在不屈不挠的科学探索中,他饱尝了失败的滋味,受到非议和指责,又经受了病魔的打击。这些构筑了他攀登物理高峰的阶梯,在沿着这些阶梯的攀登中,离峰顶上那颗闪亮的明珠还远吗?

1. 在国际物理学学术会议上的演说

1967年夏天,国际物理学学术会议在斯坦福大学召开,参加会议的都是各国物理学界的知名人士,会议的宗旨是探讨世界物理学的发展方向。各国物理学家聚在一起,通过这次大会,交流最新物理学研究成果,对各种不同学术思想展开自由争论。通过争论,使各国物理学家修正自己的研究计划,使自己的研究更接近于物理学研究的前沿阵地。总之,这是一次重要的世界物理学学术会议。

这时,丁肇中在哥伦比亚大学担任助理教授,他已在世界有

影响的物理学刊物上发表数篇研究论文,如:

《2.1 与 8.9GeV/c 间 P + P ⇨ π + d 反应的晃动横截面》(1964 年《物理杂志》);

《非弹性质子—质子散射和核子同量异位素的生产》(1964 年《物理杂志》);

……

这些论文,在世界物理学界引起广泛的注意。同时,他在欧洲核子研究中心和柯可尼教授那里的研究实验,特别是最近在西德汉堡加速器研究中心做的实验,维护了量子电动力学理论的权威地位,使他在物理学界脱颖而出,成为新秀。

国际物理学学术会议向丁肇中发出了特别邀请,请他作专题演讲。

这是一项特别的荣誉,丁肇中欣然接受了邀请,他认为这是一次和世界各国优秀物理学家切磋的好机会,可以为自己今后的实验研究开阔视野,拓宽道路。他在做了充分的准备后,信心十足地飞往斯坦福,去参加会议。

斯坦福大学的礼堂里坐满了从各国来的科学家,主席台上坐着国际物理学会的负责人、诺贝尔奖获得者、世界名流学者。

丁肇中精神抖擞地走上讲台,开始发表演讲。他穿着笔挺的西装,打着领带,头发梳理得整整齐齐。身材高大魁梧的他,高昂着大脑袋,站在讲台上,面对众多的物理学界知名人士,毫不胆怯。他有条不紊，侃侃而谈。他讲述了自己多年来从事物理实验研究取得的成就和一些体会，展望今后物理学研究的发展，发表了自己的见解。

台下不时响起一阵阵热烈的掌声。与会者为他取得的成就而叫好，被他的真知灼见所鼓舞，也对这个年轻人的未来寄予了厚望。

会后，美国各大学纷纷向他招手，延聘他去任教和做科研工作。

哈佛大学给丁肇中寄来了聘书，随时欢迎他去接受高薪聘请；

斯坦福大学表示愿意留下丁肇中，给他丰厚的待遇；

耶鲁大学向他伸手召唤，请他前往；

哥伦比亚大学则愿意留下他，提前晋升他的职称……

丁肇中面对雪片般飞来的聘书为难了，他要考虑去哪里对他的发展更为有利。带着这个问题，他又飞回了西德汉堡加速器研究中心继续他的科研课题。

一个晴朗的中午，丁肇中接待了来自麻省理工学院的访问者——物理大师维斯考夫教授。这位教授带着学院的委托，亲自飞到研究中心访问。他参观了丁肇中的实验室，亲眼观看了丁肇中实验组的工作情况，和丁肇中讨论了物理学中的一些问题。他对丁肇中推崇备至，力邀丁肇中去麻省理工学院工作，先聘他为副教授,许诺两年后晋升为教授,让他独立组织一个科学实验组,进行研究工作。

丁肇中心动了。职称的高低,待遇的厚薄,他倒不在乎,他看中的是让他独立组织一个实验组。这样,他就可以把在西德汉堡加速器研究中心建立的实验小组保存下来。这个实验组成员是经他挑选的又经过锻炼的一大批年轻实验工作者,他和他们建立了良好的合作关系。他决定去麻省理工学院。

2.非议和指责

从丁肇中来美国求学开始,他就对探索新的基本粒子产生了兴趣。

1957年夏天,他来美留学的第二年,他在纽约的暑假班学习时,得到了一本《原子光谱和原子结构》的书,这是一本利用量子电动力学理论研究光量子概念在原子物理学中所起作用的最新著作,他如获至宝,在暑假中看完了它,并做了大量的读书笔记,这个假期他的收获很大。

1958年圣诞节前夕,丁肇中收到了父亲丁观海从中国给他寄去的圣诞礼物,是一本苏联学者阿克西泽和贝勒斯特斯基合著的英译本《量子电动力学》。

这真是一份最好的圣诞礼物! 丁肇中在密歇根大学毕业前

夕,如饥似渴地阅读了这本著作,他把其中的一些重要公式,自己又逐个重新作了推导。这本书使他受益很大。

丁肇中谈到这段经历时说:"大学毕业前夕,我收到父亲送我的圣诞礼物:阿克西泽和贝勒斯特斯基合著的《量子电动力学》一书的英译本。在密歇根学习期间我仔细研究了这本书,并自己算出了书中的某些公式。后来我在哥伦比亚大学任教的年代里,我饶有兴趣地读了马丁·佩尔的一篇论文。他指出高能电子加速器在短距离上对量子电动力学所做的各种检验的含义。"

丁肇中站在巨人的肩膀上,看得更远,他要在物理学领域里发现没有被发现的世界,他要开垦未知领域里那些新粒子的处女地。

1966年至1970年,是丁肇中最为辛苦的5年。5年中,他在寻找新粒子的浩瀚荒芜的土地上辛勤耕耘,却没有任何收获;他在探索物理新领域的道路上辛勤跋涉,看不到那遥远的尽头。

这期间,他在美国和西德建立了两个科学实验小组,他在这两个小组之间往返奔波。他和同事们制订周密的实验计划,忙着设计制造新的实验设备,进行一次又一次的实验,但得到的却是一次又一次的失败。

在失败面前,他们表现出了极大的毅力和勇气,丁肇中和同事们分析失败的原因,修改实验计划,制造并完善实验的设备,又投入到新的实验之中。

丁肇中和他的实验小组的同事们经常夜以继日地奋战在实验室。实验室也成了他们的卧室,实在困倦了,和衣躺在简易折叠床上休息一会儿,又接着投入战斗。

5年时间,近2000个日日夜夜,他们就是这样度过的。然而回报他们的,却是一次又一次毫无收获。那些新粒子始终躲在某一个角落里不肯露面,不让人窥视到她那神秘的真面目。显示在仪器屏幕上的,仍然是一片又一片令人伤感的空白。

耗费几年的宝贵时间,耗费上百万美元的巨资,耗费了实验小组成员全副精力,到头来竹篮打水———一场空,实验小组面临着巨大的压力。这时,种种非议和责难接踵而来。

有的说,丁肇中所设想的寻找新粒子的实验是异想天开,已走进死胡同啦。

有的说,丁肇中的实验耗资百万美元,是一种吃力而无效的工作。

有一位权威物理学家批评丁肇中设计的非常昂贵的能谱仪只适用于寻找窄共振态,而现在没有窄共振态可寻。

科学实验的失败,同行们的非议和责难,使丁肇中非常苦恼。他感到心力交瘁,在一次实验中,他竟然虚脱在仪器旁。同事们把他送到医院,他只得接受医生的检查和治疗。

医生在他的病历上写道:"因经常劳累而患神经衰弱症。"

医生看到丁肇中一脸病容、有气无力的样子,对他说:"你的身体是一架好机器,你拼命地使用它而没有好好养护它,现在需要大修,需要好好保养一次,我建议你休假一年。"

丁肇中听到医生的话,惊呆了。他想到,实验小组还有多少工作在等待着他去做啊,怎么能在这个时刻休息呢?

他用祈求的口吻,望着医生,说:"大夫,你能不能想个别的办法?"

"这是唯一的办法!"

医生不为所动,斩钉截铁的一句话像是法官的最后判决,使丁肇中断绝了短时间再投入实验室的可能。

在疾病的沉重打击面前,丁肇中有些绝望了。

3. 病中思索

1970 年春天,丁肇中拖着虚弱的身体,听从医生的安排,被迫住进了医院,开始长达一年的治疗和休养。

告别了他的实验室,告别了实验工作,离开了朝夕相处的同事们,他心里的难受是可想而知的。

深夜,医院里静悄悄的,他单独居住的病房没有一丝声音。窗外微风吹动树叶发出沙沙的响声,不远处有不知名字的虫子发出低微的鸣叫,时断时续……

丁肇中在床上辗转反侧,难以入睡,他干脆拉亮了灯,披衣坐了起来。他倒了一杯水,靠在床头垫上,慢慢地喝着。往事一件件地从脑际闪过,5年的奋斗,5年的得与失,像一部电视连续剧,一幕幕地在眼前闪过。

5年来,他几乎不眠不休地工作,制订实验计划,日夜奋战在实验室中,放弃了天伦之乐,希望能在粒子族中有新的发现。然而,一次次的奋战,得到的却是一次次的失败。高能物理世界里面,依然海阔天空,令他摸不着边际,而自己终于因劳累过度,身体垮了下来。

难道自己的路走错了吗?

他在回顾基本粒子群发现的历史,他在思考着种种问题的答案。

在高能物理的研究中,科学工作者对基本粒子的探索,经过了3个阶段的不懈努力,走过了40多年的艰苦历程,发现了200多种粒子。

1932年,科学工作者发现了中子核,知道了原子核是可分的,它是由质子和中子构成的。那么,质子和中子是由什么构成的? 它还会有更小的基本粒子吗? 这个时期是基本粒子研究的第一个阶段。

从1947年开始,发现了光子、轻子、介子等14种基本粒子,进入了基本粒子研究的第二个阶段。

从 50 年代开始,进入了基本粒子研究的第三个阶段。50年代初期,科学家们突然间又发现了 20 多种基本粒子,以后,经过 50 年代、60 年代,新的基本粒子不断在基本粒子家族中露面,经过 40 多年的漫长历程,有 200 多个粒子被发现了出来。

这些基本粒子家族的成员,形态各异,性格不同,有的活跃,有的安分,有的寿命较长,有的瞬息即逝。真可谓是一个奇异的大家族,组成了一个五彩缤纷的粒子群体。

日本物理学家坂田昌一说:"回顾一下 20 世纪以来的原子物理学的蓬勃发展的经过,就可以清楚地看到,原子绝不是物质的可分性的极限,而是构成自然的不同质的无限层次的一个。"

科学工作者在对原子物理学的探索上,由浅入深,走过了漫长的认知道路,人们开始以为分子是组成物质的始原,以后发现,分子还可以分解成原子,再往后,又发现在原子内部还有质子和中子。20 世纪以来,在物质结构中,又陆续发现了大批的微观粒子,这些微观粒子被称为基本粒子。这些基本粒子长期以来,被很多科学家当作组成物质的最小的始原,只有极少数的科学家认为基本粒子是可以再分的,丁肇中是其中之一。

丁肇中回顾了微观粒子发展的历史,通过他那理性思辨的头脑,提出了科学的疑问,基本粒子能否继续可分?强子内部是否还有结构呢?思辨的结果,他得出了结论:分子有内部结构,原子有内部结构,基本粒子也有它的内部结构。基本粒子不基本。

在病房中，丁肇中重新回顾了自己5年来的工作，审视了自己走过的实验里程，他坚信自己所走的路是正确的，实验计划需要重新修订和完善，实验仪器要求更加强大和精密。他相信，一定会在某一个角落里一睹那潜藏的基本粒子的芳容。

经过一年多的住院治疗和休养，加上妻子露易斯·凯薏的关心和照料，丁肇中终于恢复了健康。

1971年的春天来临了。医院里的草坪上，渐渐地有了绿意，人行道两旁的白杨树上，泛起了淡黄的、嫩嫩的芽苞，微风吹在人的脸上，感觉就像小女孩的手抚摸时那般柔和。

春天是一年的开始，是万象更新的季节，是播种的季节。丁肇中从医院里出来了，他尽情地呼吸着春天的空气，活动一下胳膊腿，感到浑身舒服，他要以更加振奋的精神，投入到新的更大规模的科学实验之中。

几年后，丁肇中在回忆这段艰难的经历时，说："就在我休假的一年中，我有机会跟我的朋友们进行很多次的讨论，而且有机会仔细回顾一下我的研究小组以前的工作情形，以及阅读有关的新著作，以便考虑在欧洲核子研究中心新的高能加速器即将建造时，我们应该做些什么试验。"

八

丁肇中以更充沛的精力投入到寻找新粒子的紧张
实验之中,他在三个实验室之间往返奔波。

他终于攀上了科学的最高峰,把那颗耀眼的明珠摘
了下来。

1. 发现新粒子的漫漫长路

1971 年春季的一天,两辆小轿车从医院的大门里缓缓驶
出,前面的一辆红色轿车内坐着露易斯·凯薏,她正把着方向
盘,面带微笑,目视前方,在后座上坐着的是她的丈夫丁肇中博
士。丁肇中的两边坐的是他们的一对宝贝女儿,珍妮和艾美,一
个 8 岁,一个 7 岁。她们一个攀着爸爸的脖子,一个偎在爸爸的
怀里,小嘴哑哑地亲着爸爸的脸。丁肇中沉浸在欢乐里。

后边一辆黑色的车上坐着丁肇中实验室的同事们,陈敏、余
秀兰、梁智杰等人。

他们今天是专门接丁肇中出院的。

汽车缓缓驶出医院的大门，驶向宽阔的街道，车速加快了。按照丁肇中的吩咐，汽车没有驶向回家的路，而是开进了实验室的大门。

汽车停下了。丁肇中在妻子、女儿和同事们的陪同下，走进久违的实验室，道路两旁站着实验室的工作人员，他们热烈欢迎丁肇中的归来。丁肇中一一和他们握手、拥抱，回答着亲切的问候。他用手抚摸着那些实验仪器，不禁感慨万分。望着同事们一个个期盼的脸庞，他顿时感到身上担子的沉重，多好的同事啊，为了一起寻找那神秘的粒子的容颜，同他一起度过了多少个不眠的日日夜夜。而今后，还要一起走过漫长的道路。他感谢这些同他一样不畏艰险的同事们，他要带领他们去"发现宇宙间从未发现的东西"。他暗暗攥紧了拳头，顿时，一股豪情涌进心间。

出院以后，丁肇中迅速投入了揭示基本粒子内部结构的新的实验之中。他在医院里设计了新的一系列计划，他要把这些计划一步步地去付诸实现。

1971年春天，他开始调整实验思路，决定扩大实验队伍，拓宽实验范围，增大实验计划。

他在美国布鲁克海文国家实验室的30兆电子伏特质子加速器上做大型实验，通过探测质量很高的重光子 e^+e^- 的衰变来寻找更多的重光子。

接着，他又在质子束上进行 e^+e^- 实验，观察是否会有异常的波动出现。

为了进行高精度的宽质量范围里探测窄宽度粒子的高灵敏实验，丁肇中的实验小组做了四项观测：

第一，正负电子来自电磁过程，因此正负电子的产额在大的质量 m 上要比强子对（$\pi^+\pi^-$、K^+K^-、K^+P^- 等）的产额小 10^{-6} 倍。

第二，为了获得足够的正负电子率，探测器必须能够经受标准值为 10^{11} 至 10^{12} 个质子的高质子通量。

第三，它必须能够以大 10^8 的倍数排除强子对。

第四，如果我们局限于新粒子的 90° 正负电子衰变，那么，我们便迅速得出结论：对于能量为 28.5 兆电子伏特的入射质子，衰变出来的正电子或负电子在实验室中以 14.6° 角度射出，而与该衰变粒子质量无关。

两年时间过去了，丁肇中和他的实验组建造了所有的侦测仪器，运用了当时能运用的所有的实验手段，到 1973 年夏天，依然没有取得什么进展。爱因斯坦曾说过："我尊敬那些知难而上的科学家，我不能容忍这样一些科学家，他拿起一块木板来，寻找最薄的地方，然后在容易钻空的地方钻许多孔。"

丁肇中就是一个知难而上的科学家，他在高能物理领域的丰富矿区采矿,钻探越深,就越吃力,困难也越大,来自各方面的批评就越多。

但是,丁肇中并没有被失败所吓倒,他和实验组顶住了来自各方面的批评,仍然奋战不息,不屈不挠地做着搜寻新粒子的工作。

为了在宽质量范围内系统地寻找新粒子,丁肇中决定扩大寻找范围,他和实验组的研究人员陈敏、余秀兰、梁智杰等人,设计了三个大规模的实验,一个在西德汉堡的同步加速器研究中心,专门寻找5亿到20亿电子伏特之间的能量范围内的粒子;一个在美国纽约的布鲁克海文国家实验室,寻找15亿至55亿电子伏特之间的能量范围内的粒子;第三个在欧洲核子研究中心,寻找范围在50亿至500亿电子伏特之间的能量范围内的粒子,希望在这个宽大的质量范围里能窥视到新粒子的真面目。

在这三个研究小组投入到新的实验之前,丁肇中和三个研究小组的全体实验工作者开会,让大家对他的新实验计划发表意见,以便修订,确保此次计划的顺利实施。

大家对实验计划展开了热烈的争论:宇宙中究竟有多少重光子? 它们具有什么样的性质? 是不是人们想象中的三种? 这个实验计划是否可行、完备? 它在实行中将会遇到多少困难? 经过几天的热烈讨论,大家最后在计划的基础上统一了认识,确定了奋斗方向,精神抖擞地准备迎接又一场实验战斗的到来。

2. 又遇到了麻烦

1974 年 4 月的一天,丁肇中实验小组的成员们早早就来到了实验室,各就各位,坚守在自己的工作岗位上。

他们在这项实验正式开始以前,像进行一次重大战役前的休整一样,接到丁肇中发出的通知,放三天假,让小组成员处理杂务,休息,和家人团聚。他们都洗了澡,男人们还刮了胡子,换了新衣服,今天他们和家人告别,开赴战场,进入阵地。虽然这里和打仗不完全一样,不会有伤痛和牺牲,但是他们也做好了连续多日不回家的思想准备。

丁肇中比大家更早地进入了实验室,从早上七点开始,对一千多台仪器设备逐台检查,对三台电子计算机逐台进行检查,对几千根电缆进行细致检查,他要确保这次实验准确无误,万无一失。这样,他和他的同事们一直忙到第二天早上,才结束这次全面的仪器设备的大检查。

大家都明白,摆在面前的搜寻工作是多么的复杂和艰难。丁肇中曾形象地打了一个比喻,他说:"在波士顿的雨季,有可能一秒钟内下降 100 亿滴雨,再假如在这 100 亿滴雨中,只有一滴带有黄颜色,那么,分辨率要达到在 100 亿个雨滴中找到那一滴的程度。"

1973 年 4 月初,布鲁克海文国家实验室的李熙研先生,对丁肇中的实验非常感兴趣,他找到丁肇中博士,要求加盟他的实验小组。

李熙研先生,40 多岁,瘦高的个子,白皙的皮肤,一头黄色的卷发,一双犀利的眼睛透着精干和才智。他总是露出谦和的微笑,给人以温和、能干的印象。

他早年获得物理学博士学位,擅长仪器设备的设计制造及维修工作。丁肇中早就知道他的大名,还曾和他有过愉快的合作。现在他提出参加实验小组,丁肇中是非常欢迎的。

李熙研先生一加入实验小组,就和小组其他成员一样,不分白天黑夜地在实验室忙碌起来。他发挥自己的特长,帮丁肇中设计制造了一个极佳的强力质子光束,把实验的手段向前推动了一大步。

强力质子光束装置安装好以后,实验小组马上投入到紧张的实验之中。

但是,出人意料的事情发生了。开机以后,计数室里发现辐射程度成直线上升,竟达到每小时 0.2 伦琴,这意味着参加实验的人员在一天时间内将接受允许的最大年辐射量。这样高的辐射量,对人的健康显然是极度有害的。

实验被迫停了下来。

丁肇中和实验小组的成员们,开始查找造成强辐射的原因,寻找解决这个问题的办法。

　　整整三个星期过去了，他们仍然一筹莫展。丁肇中吃不香，睡不甜，满脑子充斥的都是辐射、辐射……实验迟迟不能进行，使他心急火燎。每耽搁一天，就有上万美元的经济损失，然而，最重大的损失是时间。他们都有对科学探测的紧迫感，实验时间的损失，这是比金钱更令他们心疼的事情。

　　实验小组的尤贝克博士也深为此事所困扰。他从1966年以来，一直同丁肇中在一块儿共事，他们合作愉快，配合默契，建立了深厚的友谊。现在，他看到丁肇中为解决辐射的问题而苦恼，自己也很着急。

　　一天，尤贝克在实验室旁的一个盖革计数器附近散步，边溜达边思考着如何解决辐射的事。突然，他眼前一亮，蓦地发现，辐射大都来自屏蔽坡一个特定的地方。他兴奋异常，马上喊来了丁肇中，实验小组的许多成员也立即跑来了。

　　他们经过仔细的调查研究后发现，虽然用了大量的水泥做成了混凝土屏蔽坡，隔开了强烈的辐射，然而，仍有严重的死角没有解决。那就是粒子束制动器的顶部，那里根本没有被屏蔽。魔鬼就是从那里放出的，它们源源不断地向外放射出大量的射线。

　　问题找到了，治理的方法也就跟着找到了。他们采取了措施，治住了魔鬼，把辐射强度降到了一个安全值。

实验又重新进行了。

3.终于把明珠摘了下来

1974 年,丁肇中把他的实验班底全部集中到纽约长岛布鲁克海文国家实验室,集中人力物力,希望这一次撞击出新的粒子来。

在该年的 4 月至 8 月,实验小组的工作人员进行了例行的调谐工作,发现探测器的各项数字正常,工作性能稳定,符合理想的设计要求。小型电子对能谱仪工作也正常,他们就用纯电子束来校准探测器。

由于使用探测器非常复杂,丁肇中就派 6 个物理学家去操纵它,为了确保全部探测器的数据都达到百分之百的有效,在采集数据前大约花了 100 个小时,来做这项准备。

8 月的一天,在美国布鲁克海文国家实验室里,具有决定意义的实验开始了。他们屏着呼吸,睁着双眼,紧张地盯着计数器的屏幕。用 2.5 兆 ~ 4 兆电子伏特的质子轰击铍靶时,立即看到了干净的和真正的电子对。当把能量控制在 3.0 兆 ~ 4.0 兆电子伏特时,出现了令人惊愕的情形,电子对数成倍地上升,e^+ e^- 对大部分集中在 3.1 兆电子伏特处,而形成一个非常显著的窄峰。

"计数器开始显示出结果了。"丁肇中激动地说。

实验小组的全体成员这时都绷紧了面孔,一动不动地紧盯着荧光屏,他们一个个心跳加快,紧张得头上冒出了汗水,简直不相信自己的眼睛。

他们终于在这100亿滴雨中,发现了那一滴带有"黄颜色"的雨滴。不,那不是雨滴,那是一颗闪闪发光的明珠!

丁肇中对这一奇迹般的现象进行分析研究,认定了在这个尖峰处有一粒新粒子的存在。这正是他梦寐以求的结果,十年心血,终于窥视到了她的芳容。

"啊!那是新的粒子!"

"我们终于发现新粒子啦!"

"万岁!新的基本粒子!"实验室里顿时沸腾起来。实验小组的所有成员都显得无比激动。他们欢呼雀跃,握手拥抱,脸上挂满了微笑,有的还流下了激动的眼泪。

丁肇中望着这些兴奋的同事们,想起同甘苦、共患难的3000多个日日夜夜,他们同他一起埋头苦干,同他一起顶住了各种非议的压力,帮他分忧解愁,和他一起尝遍了酸甜苦辣,终于取得了今天的成果,心中不禁涌起了一股温情。多么好的同事们啊,他从心里感谢他们!

他也想起了自己的妻子露易斯·凯薏,自从和他结婚后,凯薏全力支持丈夫的科研工作,担起了对两个女儿的抚养、教育的责任,她是学习土木建筑工程的,放弃了自己热爱的专业达六七年之久,使他能够全力以赴地投入寻找新粒子的工作中。在自己累病的时候,是妻子的关怀、体贴,给他精神安慰,使他恢复了健康,重新振作起来,继续这项艰难的工作,才获得了今天的重大发现。这里边也有妻子的功劳,他也要感谢亲爱的妻子露易斯·凯薏!

丁肇中和大家一起沉醉在欢乐之中!后来他回忆说:"那是激动人心的,但是我们还是花了两三个月的时间来验证。"

新粒子的面目已经看到,丁肇中和实验小组的科学家们还要继续追踪研究它,收集它的各项数据,推求它的性质,完成一系列的验证工作。

1974年8月,正当他们研究小组追踪新粒子、进行多方面验证的时候,他们正在使用的欧洲核子研究中心的高能加速器,使用期限就要届满,要让给申请使用的另一个研究小组使用。

这是一个重要的急需解决的事情,如果停止使用欧洲核子研究中心的高能加速器,对新粒子的各项数据的采集就无法进行,它的性质就无法确定。虽然已经看到了它的面目,但是对它的脾气还不了解,特点还没掌握,性质还没确定,就不能说已经对它了如指掌,当然,要向物理界宣布对它的发现,就更遥遥无期了。

1974年9月,丁肇中和研究小组的科学家们进行了一周的讨论,考虑制订了几种方案,决定向欧洲核子研究中心加速器管理当局的负责人透露他们研究的进展情况,申请延期使用高能加速器,如果这个愿望不能实现,就再想其他的应急措施。

1974年10月上旬,丁肇中和实验组的余秀兰等人约见了欧洲核子研究中心加速器管理当局的负责人,向他们通报了他们研究小组的研究成果,说明他们的研究正处于重要阶段,希望他们给予支持,允许延长使用高能加速器的时间。

管理当局的负责人在仔细倾听了他们的研究进展情况后,了解到他们所进行的研究正处于关键时刻,答应了他们的请求,表示要说服下一个等着使用高能加速器的研究小组过一段时间使用,使用时间顺延下去。

问题解决了,他们抓紧时间,夜以继日地进行对新粒子的验证工作。

4. 宣布发现了 J 粒子

1974年10月中旬,丁肇中领导的实验小组经过两三个月的奋战,对新粒子进行追踪验证,取得了不少重要的数据。

丁肇中事后回忆起这段工作时说:"这些检验和许多其他别的检验都使我们确信,我们已经观测到了一个真正的大质量的粒子。"

这时候，丁肇中和他的实验小组的科学家开始讨论为新粒子命名的事情。

一个科学家说："有的稳定粒子是用拉丁字母命名的，像假设的 $W°$、中间矢量玻色子、$Z°$ 等。"

另一个科学家说："通常'古典'粒子是用希腊字母 ρ 和 ω 来命名的。"

接着，又有科学家接着发言，提出不同的方案。大家围绕着为新粒子命名的事展开了热烈的讨论。

丁肇中看大家都发表了自己的意见，他也谈了自己的看法，说："那么，我们的粒子取个什么名字好呢？大家想一想，十年来，我们的工作一直是围绕着电磁流 $J(x)$ 进行的，通常用字母 J 代表电流，这个新粒子在它的反应过程中分解为正负电子，我们就把它命名为'J'粒子，大家看怎么样？"

丁肇中的话得到了大家的响应，新粒子被命名为 J 粒子。

接下来，不少同事提出，尽快对外正式宣布发现 J 粒子的建议，这使丁肇中想起了艾夫·威斯克夫教授。

艾夫·威斯克夫教授是美国享有盛誉的著名物理学家。多年米，丁肇中在寻找新粒子的坎坷道路上，一直受到艾夫·威斯克夫教授的鼎力相助，他经常帮助丁肇中出主意想办法，在丁肇中遇到困难的时候，他给予丁肇中全力的帮助，使他渡过难关。

这位老教授已经决定退休，要在 10 月 17 日或 18 日为他举行退休仪式,召开纪念大会。

丁肇中想,如果在艾夫·威斯克夫教授的退休仪式上,宣布发现 J 粒子的科学论文和有关数据,真是再恰当不过了,既是对这位老教授的感谢,也颂扬了老前辈对物理学发展的献身精神。

但是,丁肇中的愿望没有实现,他没能在艾夫·威斯克夫教授的退休仪式上宣布发现 J 粒子的消息。原因是,丁肇中为 J 粒子的一些数据深深地困扰着,被 $\mu/\pi = 10^{-14}$ 这个比值弄得手足无措,他想弄清楚有多少粒子存在。

丁肇中是一个严谨的科学家,他说过,我发表的实验结果只允许有印刷的错误。虽然在 J 粒子的实验中,他们已经积累了 500 多个实验记录,取得了许多有效的、有说服力的数据,但是他仍然为一些还不能彻底了解的东西,而坚持进一步把实验做下去。有人说,丁肇中不是把实验当作一件工作,而是当作一种追求。是的,他追求的是一种完美,是科学上的无懈可击。

1974 年 10 月下旬的最后几天,丁肇中实验小组的同事们纷纷要求迅速公布发现 J 粒子的情况。以陈敏教授和乌尔利西·贝克尔的态度最为坚决。陈敏对丁肇中说:"有一只鸟在手中,总比林中的两只鸟好。"

1974 年 11 月 12 日,丁肇中的实验小组终于满怀信心地向世界公布了他们的研究成果,他们发现了一种质量重、寿命长的基本粒子,这种粒子被命名为 J 粒子。

他们的宣布，如同平静的湖面投进了一块巨石，在科学界引起了强烈的震动，沉寂了十年的物理学界顿时活跃起来。全世界各地的报刊纷纷报道丁肇中实验小组的重大发现。

美国有一份报纸是这样报道当时的实验情景的："这一天，在实验中心的丁肇中和实验小组的研究人员，他们的心脏和脉搏，随着质子的碰击，逐渐加速跳动。陈敏和余秀兰的脸上，呈现出兴奋的光彩，丁肇中压抑着内心无穷的喜悦，注视着正在进行中的实验。就在那么一刹那，他看到新的粒子产生出来，这粒子度过了在核子标准上很长的寿命后，分解为正负电子而消失不见。"

十年艰苦奋战，终于摘下了物理学高峰上的一颗耀眼的明珠。丁肇中请所有参加实验的同事们上中国餐馆，让大家品尝了一顿丰盛的中国菜肴，还一起喝了中国酒。丁肇中和大家碰杯，觥筹交错，谈笑风生，和大家一起沉浸在无比的欢乐之中。

为了纪念这个美好的日子，丁肇中实验小组的 14 名成员，穿着缀有 J 字的圆领运动衫在纽约长岛的布鲁克海文国家实验室中合影留念。前排的右边坐着余秀兰博士，左边站着陈敏博士，而丁肇中却谦逊地站到了后边。

5. 关于 J 粒子

在物理学领域,人们对基本粒子的探索走过了漫漫长路。

在 20 世纪的 20 年代到 30 年代,人们发现了原子核是由质子和中子构成的,由此拉开了对基本粒子探索的序幕。

1956 年,日本著名物理学家坂田昌一推出了"坂田模型",即基本粒子内部都有结构的观点。他说:"我的基本粒子观就是把基本粒子看成是构成自然界的有质的差异的无限个层次之一的观点,也就是说,是从唯物辩证法出发的。"

坂田昌一的观点,推动了对基本粒子的研究,具有重大的意义。

1961 年至 1962 年,物理学家盖尔曼和尼曼在坂田模型的基础上,分别提出了"八重法",就是把当时已知的八个基本粒子推导出新的粒子。1964 年,人们按照这一理论发现了 Ω^- 粒子。

1964 年,盖尔曼和兹维格又在上述两种模型的基础上,分别提出了"夸克"和"积木块"的设想,认为所有的基本粒子都是由三种更为基本的"积木块"堆积而成的。科学家们把这个积木块取名为"夸克"。

1966 年,我国物理学家在研究了粒子结构后,提出了强子结构的层子模型,认为强子是由多层次所组成的。

丁肇中走的是前人没有走过的研究道路,他的研究是从揭示基本粒子内部结构开始的。他说:"我们虽然已基本上明白了分子和原子的结构,但对粒子方面,比如核子间的强作用和相关的数百种基本粒子,仍然认识得非常有限。"

为此,他亲自设计大型研究计划,建立三个实验室,顶住传统势力的压力,不屈不挠地做着寻找新粒子的各种实验。他终于捕捉到了 J 粒子。

J 粒子的发现成为基本粒子发展史上的一个里程碑。它是自发现奇粒子、推翻守恒律、找出两种微中子以来,高能物理学十多年来最大的发现。

J 粒子的能带宽度十分狭窄,它的质量却很大,是质子质量的 3.3 倍,比过去发现的 200 多种粒子都大得多。它的量子数则和普通的介子完全一样。

J 粒子的寿命十分长,大约为 10^{-20} 秒,而大质量的强子寿命为 10^{-24} 秒,它的寿命比大质量的强子寿命长 1000 多倍。

按照一般的理论,粒子越大越不稳定,它的寿命也应该更短,然而 J 粒子质量很重,寿命又很长,打破了一般的规律,将高能物理学的研究带入一个全新的境界,就像在桃花源里突然发现了一个活了一万岁的老人,怎么不令整个物理学界惊诧呢?

J 粒子的发现,打破了粒子的"三层子论",发展了多层子的设想,证实了 J 粒子不是由 u、d、s 三种层子构成的,而是由第四种层子构成的。

J 粒子的发现,打破了高能物理学十年沉寂的状况,对粒子物理学的研究从此又活跃起来,研究新粒子的论文几乎每天都在世界各国的报刊上发表,新的发现也源源不断地涌现出来,高能物理学领域再次出现了研究的热潮。

J 粒子的发现导致了 J 粒子"家族"中其他许多类似粒子的出现,并促进了物质根本结构合理化的新尝试。

随后见诸报端的发现有:

由新层子与 u 层子构成的 D^0、D^* 粒子;

由新层子与 s 层子构成的 F、F^* 粒子;

由新层子与其反层子构成的、与 J 粒子有所不同的其他粒子:J(3084)、X(3415)、X(3545)、X(3510)、X(3550)、C……

J 粒子家族中不断地增加着新的成员。

九

　　科学的发现往往是成双的。美国西海岸的伯顿·里希特博士通过不同的思路和实验手段,也发现了新粒子。谁先发现了 J 粒子? 这成了当时的热门话题。

1. 里希特博士的发现

　　正当丁肇中的研究小组发现了 J 粒子,为 J 粒子进行验证的时候,远在 2000 英里外的加利福尼亚州的斯坦福直线加速器中心实验室的一个研究组,也独立地几乎同时有了这个发现。

　　这个实验小组是由伯顿·里希特博士领导的。

　　伯顿·里希特博士 1931 年 3 月 22 日生于美国纽约市的布鲁克林。他从小就非常聪明,上小学和中学时,各门成绩优异,尤其对物理学感兴趣,14 岁时即考入麻省理工学院攻读物理学,在大学时期开始研究磁学方面的问题,1952 年获得理学学士学位,1956 年因物理学的研究获得了哲学博士学位。由于对基本粒子的研究感兴趣,他就到斯坦福大学高能物理实验室搞科研工作。1956年到1959年,他在斯坦福大学担任助理教授,1963年升为副教授,1967年升为教授。

他在斯坦福高能物理实验室,是建造第一对电子储存环的成员之一,使强烈的粒子射线在这种机器中互相碰撞,可以研究量子电动力学理论的有效性。

20世纪60年代,伯顿·里希特博士设计出了斯坦福正电子加速环,它能使更多的高能粒子碰撞。

1974年6月,里希特领导的实验小组,在斯坦福大学直线加速器中心的实验室就是在这种机器上进行实验的。他们在正负电子对撞机上测量正负电子相互作用时,发现了一个形迹可疑的新粒子。

但这时,他们未能把实验继续进行下去,他们的仪器需要维修和改装。这样,经过两三个月的对仪器设备的维修、改装的调试工作,他们于10月份又开始了重新实验。

在实验时,当粒子束的能量上升到31亿电子伏特时,他们又观察到了那个可疑的波峰。实验小组的人都很兴奋,他们意识到已经观察到了一个新的粒子。

伯顿·里希特博士带领实验小组的成员,经过一个月的奋战,于11月9日,宣布发现了一个新的较大的强子,他们把它命名为ψ粒子。伯顿·里希特说:"我们所发现的是一个新的稳定原理，有东西把那种大粒子长时间地聚合在一起，我想知道到底是什么东西。"

在 ψ 粒子发现后 10 天，里希特领导的实验小组在质量 37 亿电子伏特附近发现了第二个狭共振峰，从而又发现了 ψ^1 新粒子。

丁肇中教授和里希特教授几乎在同一时间发现了同一种新粒子，他们的实验组又各自为自己发现的新粒子分别命名为 J 粒子和 ψ 粒子。究竟是谁最先发现了这个新粒子？他们能不能为这个新粒子的命名取得一致意见？这一时成了物理学界的热门话题，也成为新闻媒体关注的热门新闻。

2. "我欠史威兹先生 10 美元"

1974 年 11 月，当丁肇中实验小组和伯顿·里希特的实验小组各自宣布发现新粒子以后，究竟是谁发现了新粒子的争论，愈演愈烈。

美国的《纽约时报》和《科学》杂志，都发表了登载不同意见的文章讨论这件事。《科学》杂志甚至一反以往的例子，发表了丁肇中和里希特讨论新粒子的有关书信、备忘录等，试图澄清这个问题。

但事与愿违，新闻媒体越是想澄清这个问题，试图平息人们的议论,反而越激起人们的好奇心,人们对这个事件的兴趣更浓烈了,各种传言闹得沸沸扬扬,各种议论传得到处都是。

当时,有一些传言传到了丁肇中的耳朵里,丁肇中对这些传言毫不在意,表现了恢宏的气度。他说:"谁做到了什么,谁先发现了什么,大家心里有数,别人也看得清楚,其实没有什么可争的。"

后来,美国物理学家史威兹先生向新闻界讲了一件他和丁肇中打赌的故事,才多少平息了这件谁先谁后的风波。

史威兹先生是斯坦福大学的教授,他领导的一个实验小组正在做一项高能物理实验,是他接替丁肇中实验小组,使用欧洲核子研究中心的高能加速器的。

1974年8月至10月,丁肇中尽管没有对外正式公布发现新粒子的情况,但他的研究小组的成员私下里已经把消息透露出去了,史威兹教授也听到了一些他们研究的进展情况。

后来,史威兹领导的实验小组接替丁肇中实验小组使用高能加速器的时期临近了,史威兹的实验小组为此在做着各种实验的准备工作,到时好顺利地投入实验之中。

这时,欧洲核子研究中心加速器管理局的负责人告诉史威兹先生,高能加速器要稍晚一段时间才能供他们使用,请他能够谅解。当史威兹先生询问原因时,这位负责人告诉他,丁肇中实验小组还在使用它,并且实验到了关键阶段,正在验证一颗新粒子的存在。

史威兹先生知道了丁肇中有了重大发现，他想了解发现的详细情况。

一天，史威兹先生以接替使用欧洲核子中心的高能加速器为由，突然来拜访丁肇中教授，表明希望知道他的实验小组所得的结果。

在丁肇中的实验室里，史威兹先生说，已经知道他们发现了新的粒子，希望丁肇中给他介绍一下有关情况。

丁肇中显得很被动，他不想在这个时间、地点，非正式地向史威兹透露有关J粒子的情况。他涨红着脸，尴尬地向史威兹保证说他还没有任何发现。

史威兹说有发现，丁肇中说没有发现，两个人就这样僵持了一会儿。

停了一会儿，丁肇中握着史威兹教授的手，微笑着说："这样吧，如果我有所发现的话，我愿意输给你10美元。"

史威兹先生说："好吧！"他欣然接受了丁肇中的建议，他的手和丁肇中的手握在了一起。

史威兹先生走后，丁肇中回到了他的房间里，在备忘录里，写下了这样一句话："我欠史威兹先生10美元。"

当丁肇中在11月正式宣布发现了J粒子后，立即送了10美元给史威兹先生。

1974 年 11 月 11 日，美国西海岸斯坦福大学直线加速器中心实验室的负责人潘诺夫斯基教授访问了史威兹先生。

潘诺夫斯基教授问史威兹先生："听说你和丁肇中教授打了赌？"

"是的，他不愿意向我透露发现新粒子的情况，所以和我打了赌。"史威兹先生回答说，接着他又说："在 8 月份，我就听说丁肇中教授在布鲁克海文国家实验室已经发现了新粒子，10 月 22 日并有广泛的讨论，所以我敢同他打赌。"

丁肇中后来在他的著作中说："事实上，当我跟史威兹先生打赌之时，已经有许多人知道了有关我们发现 J 粒子的事。在 10 月份的最后一星期里，我和我的研究小组人员，都接到许多查询我们发现的电话，而且有人建议我们尽早公开发表。"

3. 公开发表 J 粒子的研究成果

丁肇中在同事们的催促下，终于同意向外公开发表发现 J 粒子的结果。

1974 年 11 月 11 日，丁肇中教授应邀到美国西海岸斯坦福大学，参加在斯坦福大学直线加速器中心的实验室里召开的关于高能物理研究的一次学术讨论会议。

参加会议的是欧美各国的物理学界的名流，大家在一起切磋讨论,发表不同的意见,就高能物理的现状、发展展开争论,会议开得很成功。

午饭后,丁肇中教授和该加速器中心实验室的负责人潘诺夫斯基一起散步。

潘诺夫斯基对丁肇中说:"你知道吗?我们这里的一个实验小组观察到了一个新粒子的可疑迹象。"

"是什么可疑迹象呢?"丁肇中问道。

"他们测量出了 K 值在 E = 31 亿电子伏特附近时发现了高峰,在这里发现了新的粒子。"

丁肇中心里一阵惊疑,这不和我们发现的结果一样吗?都是在 31 亿电子伏特附近发现的尖峰。难道科学的发现真的就这么相似吗?

"他们已经对这个新粒子确定了吗?"丁肇中又问道。

"是的,他们已经把这个新粒子命名为 ψ 粒子。"

丁肇中心里清楚了,他们已经和斯坦福大学直线加速器中心的一个实验组共同发现了这个新的粒子。

他感到事不宜迟,必须立即发表发现 J 粒子的实验结果。他连夜打电话给他的研究小组,说出了他的决定。

这是一次发现新粒子的竞争,走在前面的人是发现者;走在后面的人,就是一个证明者。

丁肇中和他的实验小组迅速行动了起来。

11 月 6 日,丁肇中曾拜访了美国的权威杂志《物理评论通讯》的编辑特里格先生,询问该杂志过去不经过审查发表论文的规定是否仍然有效,特里格向他作了肯定的答复,丁肇中又和他商量了发表论文的一些细节。

1974 年 11 月 12 日,丁肇中教授把发现 J 粒子的论文交给了特里格先生,并恳求特里格先生能尽快安排发表。

1974 年 11 月 11 日,丁肇中安排他的研究组的余秀兰博士打电话给意大利弗拉斯卡蒂实验室主任贝尔蒂里,把他们研究小组的实验结果告诉了他,要求他利用弗拉斯卡蒂实验室进行验证。贝尔蒂里主任欣然接受了他们委托的任务。

贝尔蒂里主任带领他的助手们在弗拉斯卡蒂实验室调试机器,做好了准备,很快就投入到实验之中,经过两个昼夜的奋战,他们很快得到了 J 粒子的信号,并且取得了一系列的实验数据。

11 月 15 日,他打电话给丁肇中教授,告诉他,他们验证到了 J 粒子的存在。

以后,贝尔蒂里主任又多次对 J 粒子进行了详细的研究,确定了 J 粒子的总宽度为 60 千电子伏特,寿命比 P 介子长 1000 倍。

随后,贝尔蒂里主任把他们研究的详细报告写成论文,交给了《物理评论通讯》杂志。

因此,在 1974 年 12 月 2 日出版的那一期《物理评论通讯》

杂志上,发表了三篇发现这个新粒子的论文,分别是丁肇中的、伯顿·里希特的、贝尔蒂里的。

4. J 粒子也可以叫丁粒子吗?

1974 年 11 月中旬的一天,大约在丁肇中把论文交给《物理评论通讯》几天后,在斯坦福大学直线加速器实验室,两位当代实验物理大师不期而遇了。

丁肇中教授微笑着向里希特博士伸出了手,把对方的手紧握在自己的手里,眨动着智慧的眼睛,幽默地说:"伙计,我有一件物理学趣闻告诉你。"

里希特博士轻摇着丁肇中教授的手,眼睛里也射出了智慧的光芒,他盯着丁肇中的眼睛,说道:"不,老丁,是我有件物理学趣闻要告诉你。"

这两位大师彼此都明白了对方想说什么,不约而同地笑了起来。

他们的有趣对话,一时成了物理学界的笑谈。

其实,丁肇中和里希特这两个人都很高尚,他们都把自己的一生献给了科学事业,并不在乎名和利,也不在乎谁拥有了发明权。对于他们的重大发现,两人都抱着谦逊的态度。

由于两个人同时在《物理评论通讯》杂志上发表发现新粒

子的论文,物理学界一般认为,是他们两人同时发现了新粒子。由于在新粒子的命名上没有取得一致意见,最后国际学术界把这个新粒子命名为 J/ψ 粒子,也表明了是两个人同时发现的这个粒子。

伯顿·里希特博士说:"丁肇中的小组和我的小组都向物理学界宣布了 J/ψ 粒子的消息。"

丁肇中说:"我们两个实验小组研究不同的两种相反作用,是相辅相成的实验。大致来说,我们的方法利于搜寻新粒子,但一旦断定了该粒子的质量后,则斯坦福组的方法较利于研究它的性质。"

在 1974 年 11 月,丁肇中教授发现了新的 J 粒子后,美国麻省理工学院四位研究生曾访问了他。他们注意到了这个以英文字母 J 命名的新粒子,它的命名与丁肇中的姓氏似乎有一种联系,他们就这个问题曾向丁肇中教授发问。

问:你把这新发现的基本粒子命名为 J Particle,有没有什么特别含义?

答:我们通常用字母 J 来代表电流,因为这新粒子分解为正负电子,所以就名之曰 J Particle。

问:很多人都以为那是因为与尊姓形似的缘故。

答:哈哈,这说法是李政道先生首先注意到对我讲的。

初次听说时,我和我的同事们都感到很意外。

问:中国文字本就是象形的,我们把它译作"丁粒子",请问你是否反对?

答:我无所谓,随各人自己吧。

问:斯坦福那一组人把它命名为 ψ 粒子,究竟现在大多数人采用哪一个名称?

答:大致来说,美国东部和欧洲的科学家多称它作 J 粒子,加州的人多称它为 ψ 粒子,在日本各占一半。我看到两篇在中国发表的论文,当然是理论性的了,一篇用 J 粒子,一篇用 ψ 粒子。

问:斯坦福组是什么时候找到的?

答:11 月 9 日左右。

问:关于 J 粒子的发现,你们和斯坦福大学似乎竞争得十分激烈,这是不是一个好现象?

答:任何善意的竞争都是好的,竞争可以使人更快更好。

问:但科学上的竞争也常发展到互争功劳,比如哪一个先发明之类。

答:谁做了什么,谁先发现了什么,大家心里有数,别人也看得很清楚,其实没有什么可争的。

从这段对话里，我们可以看到丁肇中教授对名利的观点多么鲜明。他一生热爱和迷恋科学，他只知追求，以把一个又一个科学命题解决在自己的手中为快慰。就像爬山一样，一个目标越过了，前面还有新的目标，永远没有停止的时候。

达尔文说："作为一个科学家来说，我的成功不管有多大，我认为最主要的是爱科学。"

丁肇中说：

"假若你不能视科学为生命中最重要的事情，千万不要加入科研行列，免得招致痛苦。

"我在汉堡，我的生活就是工作、工作、再工作。对于我的小组，我只挑选那些喜欢刻苦工作的人。"

5. 科学的发现往往是成双的

在科学发展的一定阶段，科学家们往往会根据社会的需要制订自己的研究课题，在科学发展到某一个时期，他们站在某一学科的前沿阵地，收集来自各个研究机构的科研信息，就会使得他们的研究处于一个水平线上，因此，他们往往不是一个人，而是两个人或更多人各自独立地同时有了某种科学发现。这样的例子在科学发展史上是很多的。

英国物理学家牛顿和德国数学家莱希尼兹，两人各自独立地发现了微积分方法,在 17 世纪 80 年代先后公布于世。

牛顿在 1665 年已经研究出了微积分的主要概念和方法,虽然占了先,但直到 1687 年才公开发表他的研究成果。莱布尼兹也是一位数学天才,他在 1676 年创立了积分学和微分学的方法及其表示方法,并于 1684 年发表在《求极大和极小的新方法》上,公布于世。

两人在微积分发现的优先权上,存在着激烈的争执。因为牛顿没有及时把自己的方法公开发表,莱布尼兹不承认牛顿的发明权。而英国有人则对莱布尼兹的发现质疑,说他在 1673 年和 1676 年两次到伦敦和学者们作过一些交谈,很可能看到过牛顿致亨利·奥尔登堡的信,设法搞到了牛顿的一些未发表的手稿,才使他产生了研究微积分的灵感。按照这一观点,优先权争议的结论则是:莱布尼兹的行为不仅是不诚实,而且是很卑劣的,他剽窃了牛顿的研究成果。

这一争论一直持续到 1716 年莱布尼兹逝世。后来终于澄清了事实,两人的发现完全是独立的,正是莱布尼兹使用的微分和积分的表示方法,而不是牛顿的流数法,得以保存至今,为现代的数学教科书所沿用。

在生物学方面,达尔文和华莱士同时发现了生物进化论。

达尔文在 1842 年就形成了生物进化的思想,开始撰写《物种起源》一书的提纲,以后,他花了 20 多年的时间进行研究,积累自然选择的进化的证据。那个时候,华莱士还是一个 19 岁的学生。

1858 年 6 月 18 日,达尔文收到了华莱士寄自马来群岛的一篇论文:《论变种无限地偏离原型的倾向》,要他看看是否有发表的价值,并请转给英国地质学家赖尔审阅。

达尔文看了论文大吃一惊,华莱士的论文和他的基本观点惊人地相似,简直就是他思想的梗概。达尔文品性高贵,他并不为华莱士当时是个不出名的小人物而和他争夺发现的优先权,他当天就给赖尔写信,推荐华莱士的论文:

> 我从未看到比这更为巧合的事,即使华莱士手中有过我在 1842 年写出的那份原稿,他也不会写出一个比这更好的摘要来!甚至他用的术语都成了我那些章节的标题……我要立即写信给他,建议把草稿寄给任何刊物去发表。因此,我的创造——不管它的价值如何——将被粉碎了。

赖尔和胡克(英国植物分类学家)都知道达尔文研究物种问题的观点和进展情况。他们决定将华莱士的论文和达尔文著作的摘要一同发表。1858 年 7 月 1 日,在林奈学会会议上,将两篇论文同时宣读,两人由此共同享有了物种进化的发现的优先权。

1859 年 11 月，达尔文的《物种起源》一书出版，华莱士是最先为这本书喝彩的人之一，他说："自然选择和物种起源学说的建立，更是达尔文的功劳。"并称这种理论为"达尔文主义"。

后来，华莱士又不止一次地称赞达尔文对建立这种理论的贡献远在自己之上。而达尔文则反复地称赞华莱士卓越的研究工作和对建立进化论不可磨灭的贡献。

两位科学家以他们的谦虚和高尚，消除了因偶然的巧合而可能产生的误会，进而发展了诚挚的友谊，成为科学史上的一段佳话。

在自然科学的研究中，这种同时独立发现的事例是很多的。非欧几何学是由罗巴切夫斯基、高斯、鲍耶、史威卡特、塔乌里努斯等人独立建立的，海王星是由勒威耶、亚当斯独立发现的，热功当量是由罗伯、迈尔、焦耳、亥姆霍斯各自创立的，而相对论则是由彭加勒提出、爱因斯坦完成的。

丁肇中和里希特运用不同的实验方法，各自独立地发现了 J/ψ 粒子，他们在该项发现的优先权问题上，表现得都很谦虚和豁达，继承了前辈科学家的优良传统，也是值得称道的。

十

J粒子的发现成为物理学发展史上的里程碑,丁肇中登上了1976年诺贝尔物理学奖的领奖台。各种祝贺潮水般涌进了丁肇中的实验室,恭喜他这个第三位获得诺贝尔奖的华裔科学家。

1. 美国总统的贺电

丁肇中发现J粒子的消息在美国报刊上广为传播,在物理学界引起强烈的反响,终于引起了美国总统的重视。

美国总统福特向他的政府内负责科学技术的官员询问有关J粒子的情况,了解J粒子的发现对科学技术发展的意义。

为了表彰丁肇中对科学的巨大贡献,1975年2月14日,福特总统给丁肇中博士写信,恭贺他所领导的纽约布鲁克海文国家实验室的小组,发现新粒子的重大成就。贺信全文如下:

亲爱的丁教授：

　　得知由布鲁克海文国家实验室和麻省理工学院组成的一个研究小组，以及斯坦福线性加速中心与劳伦斯伯克利实验室组成的小组，发现了新的、寿命较长的重粒子，我深感兴趣。在此我谨代表美国人民，祝贺你和你的同事致力于此项重要发现的努力和贡献。

　　我还希望，有关这方面基本知识上的重大进展，能够导致科学的更进一步的突破，进而能够造福人类。我感到骄傲的是，我们国家的研究项目使我们能在科学的各个领域保持领先地位。

　　我相信，处理研究这些新发现的实验工作，将会以充沛的精力、热忱与兴趣来进行。我谨对在这方面力求成功的科学家们，致以最高的祝贺。

H. R. 福特（签字）

1975 年 2 月 14 日

　　美国总统向丁肇中写信祝贺，说明了美国政府和美国人民对这项科学发现的重视和肯定。丁肇中作为一个美籍华人，在科学上做出了重大的发现，也为中国人争了光，显示了中国人在世界科学领域里不可忽视的力量，也显示了中国人的不平凡的智慧，同时，也有力地证明了炎黄子孙的智力是不亚于其他民族的。

学者波罗涅斯基曾指出:"过去人们不止一次地说过,中国人和爱斯基摩人的智力高于世界平均值。"

美国有句谚语说:"美国的财富在犹太人的口袋里,美国的智慧在华人的脑袋里。"

美籍华人在美国社会中确是一支重要的力量。据有关统计资料显示,美国第一流的科学家有近13万人,而中国血统的科学家就有3万人之多,约占23%,而华人在美国人口中仅占0.5%。华人之所以在美国的科技领域占有重要地位,是同华人的智力优势和奋斗精神分不开的。

和丁肇中一起工作的美国同事,曾多次盛赞丁肇中:"那股一心一意、全力钻研的精神,真是令人敬佩。"

2. 瑞典皇家科学院的电报

1976年10月18日,这是一个重要的日子,这一天的12时16分,瑞典皇家科学院的秘书长伯恩哈特,给丁肇中发来了一份电报。这是一份不平凡的电报,电文虽然不长,但它的内容却马上传遍了美国,传到了中国,传遍了全世界。电文的内容如下:

瑞典皇家科学院今日以 1976 年诺贝尔物理学奖金,分颁于美国丁肇中教授和美国伯顿·里希特教授,以奖励他们在发现一种新的基本重粒子方面的先驱工作。

这是一个爆炸性的好消息。自 1974 年 11 月丁肇中宣布发现 J 粒子以来,高能物理学的研究又出现了蓬勃兴旺的局面。1976 年初,美国政府向丁肇中颁发了国家科学奖,表彰他发现新粒子的特殊贡献。

但是,丁肇中能不能获得诺贝尔奖呢?这一直成为很多人关心的话题。

近两年来,诺贝尔奖委员会经过大量复杂、细致的工作,经过提名、推荐、审查、评议、投票,最终把诺贝尔物理学奖颁发给丁肇中教授,他得到了世界科学发明发现的最高奖,这意味着他的发现得到了世界最高级别的明确肯定,也证明他已经登上了世界物理学的最高峰。

在 1976 年 10 月 18 日这天,合众国际社在瑞典首都斯德哥尔摩发出下面的电讯:

瑞典皇家科学院宣布,两名美国科学家,因在寻找地球上最小质点——J 粒子——的最伟大发现,今天共同获得 1976 年诺贝尔物理学奖。

得奖者是麻省理工学院40岁的(华裔)丁肇中教授和加利福尼亚州斯坦福直线加速器研究中心45岁的里希特教授。他们在一种完全新的基本质点上各自独立的发现,使他们获得这项荣誉。

同一天,路透社在斯德哥尔摩发出如下电文:

1976年物理学奖金今天授予了美国塞缪尔·丁(即丁肇中)和伯顿·里希特,他们发现了一种新的基本粒子……由于彼此独立地发现了一种长寿命的重的基本粒子而获奖。这一发现提出了有关把原子聚在一起的能量问题。

瑞典皇家学院的艾克斯彭教授发表谈话,对丁肇中和里希特的这一发现的意义,进行了评论:

这是在基本粒子方面最伟大的发现,它已改变了世界各地所有实验室的工作形态,由于这项发现,各实验室现在将寻求此一质点带来的物质新形式。

这项发现令人惊讶的部分是里希特和丁肇中完全独立地做各人的研究,他们完全不知道对方研究工作的性质,而几乎在同时获得完全相同的发现。

自 1901 年 12 月诺贝尔奖颁发到 20 世纪末,华人中已有 6 位科学家获得了这项荣誉。首先获得这项殊荣的是杨振宁、李政道,1957 年他们共同获得了诺贝尔物理学奖。丁肇中是第三位获得诺贝尔奖的华裔科学家,他获得了 1976 年的诺贝尔物理学奖。1986 年,台湾出生的李远哲教授获得了诺贝尔化学奖。1997 年,美籍华人科学家朱棣文教授获得了诺贝尔物理学奖。1998 年,美籍华人崔琦获得了诺贝尔物理学奖。

他们为人类科学的进步做出了贡献,世界人民将永远牢记着他们;他们为中国人民争得了荣誉,中国人民将永远牢记着他们。

3. 与父亲通了长途电话

丁肇中教授获得诺贝尔物理学奖的消息,通过电波、报纸,通过各种传媒,传遍了全世界,也传到了中国的宝岛台湾。在台湾大学土木工程系任教的丁观海教授,知道了儿子获得诺贝尔奖的消息,心情十分激动。

1966 年 9 月,当丁肇中完成了一项重大的物理实验,证明了量子电动力学的不可动摇之后,丁肇中曾给父亲写了一封信,当时他豪情满怀,立志要攀登物理学研究的最高峰。他写道:

"未来十年将会有希望获得诺贝尔奖。"

当时，丁观海教授也为儿子在短时间内取得的成就而高兴，但他对儿子的豪言壮语也没有太认真，只当是他的"孩子话"。想不到，儿子的话真的应验了，他怎不为儿子感到由衷的高兴呢！

丁观海教授立即拍了两封电报，一封给正在日内瓦欧洲核子研究中心的丁肇中，一封拍到美国波士顿勒辛顿丁肇中的家里。

他在拍给儿子的电报中说："祝贺你荣获 1976 年诺贝尔物理学奖桂冠！"

他在拍到儿子家中的电报中，对儿媳和两个孙女说："恭喜你们大家！"

连日来，世界各地的科学家，丁肇中的老师、同学、亲友、同事纷纷向丁肇中表示祝贺，他不时被新闻记者所包围，镁光灯不停地闪着，他的形象出现在电视里、报纸上，他成了众人瞩目的新闻人物。

他太忙了，简直比做实验还忙，他一直想打电话给父亲，要他一同到瑞典参加授奖典礼。这时，在台湾丁观海教授的家中，也是宾客盈门，电话铃声不断地响起，大家都是来向丁观海教授表示祝贺的。

直到三天后，1976 年 10 月 21 日上午 8 时，丁肇中才在纽约机场接通了父亲的电话。

父亲亲切地呼唤着丁肇中的名字："恭喜了。你收到我的贺电了吗?"

"收到了,收到了。爸! 你好吗?"丁肇中忙着回答,向父亲问候着。

接着,丁肇中和父亲谈了近来家里的一些情况,当讲到近几天贺客盈门,电话不断,记者络绎不绝时,丁肇中说："这简直比做研究还辛苦。"

丁观海说:"我的情况也跟你差不多。"

两个人都发出了愉快的笑声。

丁肇中在电话中提出要父亲一同前往瑞典首都斯德哥尔摩参加诺贝尔奖颁奖典礼。丁观海教授心里是高兴的,也想和儿子共同享受这份崇高的荣誉,但他还有些犹豫。他说:"我在台大土木工程研究所还有些课程需要安排,同时得花不少旅费。"

丁肇中听到了父亲语气中的犹豫之处,立即说:"旅费等一切,您老人家不必愁了,我来解决,只要你能来走一趟,我们就高兴了。"

丁观海告诉儿子尽量争取去,又劝儿子说:"你的研究工作太辛苦了,应该稍微休息一段时间,最好能够回来一趟。这里的师长朋友,都在替你高兴。"

丁肇中回答说:"当然要回去,如果实验工作告一段落,年底或明年可以回去一趟。"

丁观海说:"你还是老脾气,现在应该轻松一下了,出去旅行一段时间,也是好的。"

"好的,好的!我一定听您老人家的话。"

他们在电话中交谈了 6 分钟,才在父亲不断地叮咛他"保重身体,不要太疲劳"的声音中结束了这次愉快的越洋电话。

十一

　　诺贝尔奖是世界上最高的科学奖项,它是世界超级精英的标志。丁肇中以他自己的才智、勤奋和努力,终于获得了世界科学界的承认。丁肇中的父亲、妻子陪着他一起去瑞典斯德哥尔摩接受瑞典国王的授奖。

1.诺贝尔和诺贝尔奖

　　艾尔弗雷德·诺贝尔,1833 年 10 月 21 日生于瑞典斯德哥尔摩的一个普通家庭,父亲是一个建筑工程师,母亲是一个聪明、善良、有教养的漂亮女人。诺贝尔从小受到了良好的教育。他一生勤奋,致力于发明创造,奔波于世界各地,经营他的产业,终于积劳成疾,1896 年 12 月 10 日逝世于意大利的圣雷莫。

　　诺贝尔在科学上的贡献是巨大的,他在世的时候,便已经获得世界性的声誉。他一生的科学技术发明获有专利权的就有 250 多项。在他的种种发明中,炸药的发明占有最重要的地位。

他不仅发明了多种炸药，还直接经营了多家制造炸药的工厂，这些工厂给他带来了极大的商业利益，使他成为一个大富豪。

诺贝尔生性淡泊，一贯轻视物质财富。当他母亲去世时，他曾把继承的一部分遗产全部捐献给了瑞典的慈善事业，身边仅留下母亲的照片作为纪念。他说："金钱这种东西，只要能够满足个人生活就行了，若是太多了，反倒会成为遏制人类才能的祸害。对于子女，除了保证他们必要的教育费用外，留给他们更多，我认为那是错误的，这不过是鼓励他们懦怯和懒惰，使他们不能充分施展自己的才能。"

诺贝尔建立的工厂散布在欧洲各国，在瑞典、挪威、德国、法国、英国、意大利等国拥有大量资产。他终生未娶，因此没有子女继承他的遗产。这些财富是以他的全部生命和智慧为代价换来的。当他出生时，家里就发生了火灾，父亲破产。他一生把科学事业当作自己的第一生命，他具有渊博的化学知识，还对生理学、医学、文学有浓厚的兴趣，精通德语、法语、瑞士语、瑞典语和俄语。他的一生是追求知识的一生，他把自己发明创造带来的财富视为身外之物，表现出一位科学巨人的伟大胸怀。

诺贝尔在他逝世的前一年，把财产中的一小部分分配给亲友，而将大部分的财产委托遗嘱的执行人，建立了诺贝尔基金，奖励对人类科学事业、和平事业有卓越贡献的人。像诺贝尔这样，把自己的全部财产毫无保留地贡献给全人类进步事业的，尚无他人。尽管诺贝尔创此先例已经过去了一个世纪，在偌大的世界上，也没发现有谁能够步其后尘，做出同样的举动。

诺贝尔逝世的前一年，即 1895 年的 11 月 27 日，诺贝尔请他的三位挚友充当证人，起草了那份影响了人类世界的最后的遗嘱。遗嘱中写道：

> 所有我留下的不动产，应以下列方式处理：其资金将由我的委托人投资在安全证券上，建立一项基金，其利息以奖金的方式，每年赠予那些在最近数年来造福于人类贡献最大的人。此项利息将平均分为五份，分配如下：一部分奖给在物理学上有最重要的发现或发明的人；一部分奖给在化学上有最重要的发现或发明的人；一部分奖给在生理学或医学上有最重要的发现的人；一部分奖给在文学上创作出有理想主义倾向的最出色的作品的人；一部分奖给能使国与国之间增加友爱，能废止或裁减常备军，能维持与发起和平会谈的人。
>
> 其中物理和化学奖由瑞典科学院颁赠，生理学或医学奖由斯德哥尔摩的卡罗琳医学院颁赠，文学奖由斯德哥尔摩的瑞典文学院颁赠，和平奖的得奖人则由挪威国会选出五人委员会来决定。我特别希望，在颁赠奖金时，不要考虑候选人的国籍问题，才高者得，无论他是否为瑞典人。

遗嘱最后说:"这是我的唯一的实用的遗嘱,我死后,如发现以前任何有关遗嘱的记载,都一概作废。"诺贝尔在法国巴黎的瑞典俱乐部为这一遗嘱签了字,宣告它在法律上生效。

诺贝尔一生大部分时间都是在异国他乡度过的,他的足迹遍及许多先进国家,但他仍丝毫没有减弱对自己祖国瑞典的热爱。当时他身在法国,依然指定由瑞典的权威性学术部门承担颁发奖金的主要任务。他指定挪威国会负责颁发和平奖金的事宜,是因为挪威较早地对他的科学事业给予了支持,他们是值得获得这项殊荣的。

1888 年的一天早晨,诺贝尔一觉醒来,竟读到了自己的讣告。原来是诺贝尔的哥哥死了,一名法国记者粗枝大叶,把哥哥当成了弟弟。这则讣告中说他是"甘油炸药大王","靠制造毁灭性武器发财的大实业家",这使诺贝尔异常震惊。当他怀着恐怖的心情读着他的"讣告"时,他当时就下了决心,要让世人明白他一生奋斗的目标和他生命的真正意义。这份遗嘱正是体现了他的理想和希望,其后按他的愿望颁发的诺贝尔和平奖,就是对世界和平事业做出杰出贡献的人的最珍贵的奖励,这是对他的人生意图的真正体现。

诺贝尔的遗嘱公布以后,立即在世界范围内引起了强烈反响。当时的一位瑞典评论家撰文说:诺贝尔奖是奖给那些为促进人类的和平与进步事业做出特殊贡献的人们的最高奖赏，是以纯粹理想主义为目的的崇高的珍品。这一评价并不过分。诺贝尔奖的真正价值不在于它可观的资金，而在于它致力的崇高目标。它不但是一笔物质财富，更是一种宝贵的精神财富。

诺贝尔逝世后，瑞典科学院和卡罗琳医学院在诺贝尔亲属的配合下，用了五年时间，才就颁奖的组织程序和实施方法达成一致的意见，于 1900 年 6 月 29 日公布评选获奖人的章程，并于 1901 年 12 月 12 日，颁发了第一批奖金。从此以后，除了两次世界大战期间暂时停发外，每年都颁发诺贝尔奖，已经历时一个世纪了。

至于 1965 年开始颁发的诺贝尔经济奖，就与诺贝尔的遗嘱无关了，它是为了纪念作为经济活动家的诺贝尔所新设的纪念奖。

丁肇中在 1974 年 11 月 12 日正式公布他发现了 J 粒子，1976 年 10 月 18 日，瑞典皇家科学院通知他获得了 1976 年诺贝尔物理学奖。他获奖的时间是较快的，有的科学家有了重大发现后，经过 30 多年才被授予诺贝尔奖，例如，美国物理学家贝蒂于 1938 年提出太阳能来自核反应的理论，直到恒星能源理论建立后，他才于 1967 年被授予诺贝尔奖。丁肇中是第 105 位获得诺贝尔物理学奖的人，又是宇宙辐射和基本粒子研究的第 14 位获诺贝尔奖的人。

2."我要用汉语发表演说"

1976 年 10 月 18 日,这是一个风和日丽的好日子,在欧洲美丽的城市日内瓦,丁肇中接到了瑞典科学院发来的电报,告诉他获得诺贝尔物理学奖的消息。

丁肇中得到这个消息,抑制不住内心的喜悦。他想到,多年的辛劳获得了世界最高的科学肯定,这是件值得高兴的事。他同时想到了妻子露易斯·凯薏,多年来,是妻子默默地担起了家庭重担,承担起了抚育孩子的责任,才使他得以全身心地投入科学研究之中,也才有了今天世界性的荣誉。

丁肇中安排好了工作,两天之后返回勒辛顿家中,他要和妻子、孩子分享这份快乐,他难得这样轻松一下,和家人团聚在一起,高高兴兴地享受天伦之乐。

他已经给父亲发了电报,急切地等待远在台湾的父亲丁观海的到来,然后一同去瑞典首都斯德哥尔摩参加诺贝尔奖颁奖仪式。

举世瞩目的诺贝尔奖颁奖仪式,每年在诺贝尔逝世纪念日 12 月 10 日下午 4 时 30 分举行,届时,每一位得奖人由诺贝尔基金会的成员陪同,进入斯德哥尔摩音乐厅的受奖席位。

颁奖仪式举行的前一天,丁肇中和他父亲丁观海、妻子露易斯·凯薏乘飞机来到瑞典首都斯德哥尔摩。

斯德哥尔摩是北欧第二大城市,位于梅拉伦湖与波罗的海的交汇处,是一座宁静、优美的城市,由 14 个岛屿组成,它们像一把晶莹璀璨的珍珠,散落在湖、海之间。横跨海面别具心裁的大桥宛如一条条玉带将城市诸岛相连,苍翠的山冈、蔚蓝的海水和迂回起伏的街道融为一体,中世纪雄伟的建筑物、鳞次栉比的现代化大厦,与碧树红花丛中一座座精致的别墅相映成趣。皇后岛上有"中国宫",这是 18 世纪欧洲推崇中国文化的见证,反映了中国文化和西方文化的交融。更为有趣的是,位于城市以东的沙丘巴登地区,曾是中国近代史上著名的维新派领袖康有为居住过的地方。康有为戊戌变法失败后,流亡国外,作环球之行,曾到过瑞典。1909 年他购下这里的一座小岛,修建了一所中国式园林,并取名为"北海草堂"。

丁肇中一行住在豪华阔气的旅馆里,受到了贵宾级的接待,服务人员对待得奖者和他们的家属都彬彬有礼,服务热情、周到,对于他们提出的要求总是尽量给予满足。

按照诺贝尔奖授奖仪式的惯例,在授奖时,基金会主席以瑞典语简要介绍得奖人的伟大贡献,邀请得奖人以本国语言发表演说。然后获奖人在瑞典国王面前接受荣誉证书和金质奖章。

授奖仪式举行前夕,会议主持人在与丁肇中教授商量落实有关问题时,出现了戏剧性的一幕。丁肇中提出要用汉语发表演说。

会议主持人听了为之一怔，不解地说："您不是美国人吗？您要用本国的语言发表演说。"

丁肇中说："我是中国人，需要用汉语发表演说。"

主持人听懂了丁肇中的意思，就耐心地劝说丁肇中放弃用汉语演说，而用英语演说。丁肇中憨厚的大脸上泛着微笑，就是不放弃自己的主张。授奖仪式就要开始了，这个问题落实不下来就会影响会议的召开。主持人急得头上冒出汗来。

经过几次磋商，最后作出了一项有趣的决定：丁肇中教授发表演说时先用汉语，然后用英语。这一决定打破了惯例，开创了获奖人用两种语言两次发表演说的先例。

丁肇中教授获得诺贝尔奖以后有人曾问他："丁教授，你为什么先用汉语，而后用英语演说呢？"

丁肇中风趣地回答说："讲讲好玩而已。"

丁肇中这句近似玩笑的话是值得深思的，在轻松的话题之后有着极严肃的内涵。丁肇中是一位美籍华人，他在科学的道路上经过奋力拼搏取得成功后，仍不忘自己是炎黄子孙，在这个世界瞩目的重大国际会议上，提出用母语汉语作为演讲的语言，其意义是重大的，其用意是明显的，他用自己的行动证明了中国人在世界科学之林中的能力，他用自己的行动证明了中国人在研究世界尖端科学中的地位。

3. 领奖台上

1976 年 12 月 10 日下午 4 时 30 分,一年一度的诺贝尔奖颁奖仪式在瑞典斯德哥尔摩皇家音乐厅举行。

这一天,音乐厅布置得既豪华、美观,又显得异常庄严,摆放的鲜花送来一阵阵沁人肺腑的香味。

5 时整,奏响了庄严的《国王之歌》,瑞典国王、王后进入会场,然后在莫扎特 D 大调的轻松乐曲声中,诺贝尔奖获得者依次进场,这时全场起立鼓掌,会场内一片欢腾。丁肇中高大的身影出现在人们的视野之中,他微笑着,迈着轻松的步伐,在诺贝尔奖评委会主席的引导下步入会场,面对欢呼的人群,他不断地向大家挥手致意。

评委会主席分别介绍了每个获奖者的研究成果与获奖项目,中间穿插了贝多芬的乐曲,会场显得异常热烈,排山倒海的掌声与欢乐的笑声给会场增添了节日的气氛。

随后,丁肇中和其他的获奖者在国王面前接受蓝色的荣誉证书和金质奖章。丁肇中在接受证书和奖章时,国王在他耳边轻声说了表示祝贺的话,使丁肇中感到既亲切又激动。

诺贝尔荣誉证书每份都有独特的设计,上面的图案与得奖者所取得的科学成就的内容相一致。丁肇中教授的荣誉证书上印有他的名字,在图形上与其他的证书也有所不同。证书上还印有他发现 J 粒子的内容。

诺贝尔金质奖章最早是由瑞典雕刻家李得柏设计的,正面是诺贝尔的浮雕像和他的生卒年月日(用罗马数字标出)。物理和化学奖奖章的背面是一幅意味深长的浮雕画面:手持财富和科学智慧号角的圣母,轻轻拉开伊西斯女神的面纱。另外还刻有得奖人的名字、获奖年代及瑞典科学院的缩写。在金质奖章的周围印有一段简短的说明:"多么仁慈而伟大的人物,他的献身精神和发现,给人们带来智慧和幸福。"

瑞典首都斯德哥尔摩皇家音乐厅金碧辉煌,豪华典雅。在授奖仪式上,评委会主席以简短的言辞介绍了丁肇中教授的重大发现后,丁肇中开始发表演说。他身穿黑色的燕尾服,脸上挂着谦虚的微笑,迈着稳重的步伐,走上了讲坛。会场里爆发出热烈的掌声,闪光灯闪个不停。

丁肇中清了一下喉咙,扫视会场一眼,开始用汉语发表演说,他说:"研究光和物质的相互作用,是物理学中最早知道的课题之一。"

他从中国历史上最早对光和物质的研究谈起,他说:"《墨子》中就有这方面的事例。20 世纪物理学的许多重大的基本发现都与研究光线有关。"

他说"在过去的十年里,由于建造了巨型电子加速器,研制了能把电子同其他粒子区别开来的复杂探测器,最后还建立了电子——正电子碰撞粒子束存储环",由于这些科学实验手段的改进和提高,经过不懈的努力,"结果终于发现了一族新的基本粒子——J粒子就是这个家族中的第一个成员"。

他回顾了自己对基本粒子的研究历程:"1957年夏天,我在纽约当暑假班学生,偶然得到了海森堡的古典著作《原子光谱和原子结构》,我从这本书中第一次知道光量子概念和它在原子物理学中所起的作用。大学毕业前夕,我收到父亲送我的圣诞礼物:阿克西泽和贝勒斯特斯基合著的《量子电动力学》一书的英译本。以后,仔细研读了这些著作,自己算出了书中的某些公式,并对量子电动力学的研究产生了浓厚的兴趣。"

接着,丁肇中教授详细地介绍了他发现J粒子的研究过程。他说:他和他的研究小组通过一系列的检验,"使我们确信,我们已经观测到了一个真正的大质量的粒子。我们费了一些时候来讨论这个新粒子的名称"。

丁肇中谈到了向外界公布发现J粒子的情况,"我在11月6日拜访了《物理评论通讯》的编辑特里格,探询可以不经审查就发表文章的规定有没有改变。后来,我就按照我们1967年的那篇QEG论文的文体写了一份简单的草稿。论文仅着重论述了J粒子的发现和我们对数据所做的检验……"

最后,丁肇中教授在演说中提出了一些发人深思的问题:

"当我们向更高的能量进军时,会怎样呢? 似乎完全可能的是,应当还有许多新的系列的类光子存在。

"J粒子的存在意味着,我们至少需要四种夸克来解释迄今观测到的现象。如果我们在更高能量领域里又发现了一系列新的粒子,那么,我们还将需要多少夸克呢?

"如果我们需一大族夸克,那么,它们是否就是自然界真正的基本积木块了呢? 它们为什么还一点没有被发现呢?"

丁肇中用极富启发性的问题结束了他的精彩演说,全场这时爆发出长时间的热烈的掌声。

丁肇中走下讲台后,记者们纷纷拥到丁肇中面前抢着为他拍照。人们都热情地祝贺他获得诺贝尔物理学奖,祝贺他演说的成功。

4.“唯一的好处”

颁奖仪式结束后,瑞典政府在斯德哥尔摩市都会大厅设宴招待诺贝尔奖获得者及其亲属们。

夜幕降临,斯德哥尔摩市街灯齐亮,霓虹灯闪烁,到处张灯结彩,洋溢着节日的气氛。都会大厅里更是灯光、火炬交相辉映,灿烂辉煌。瑞典皇族成员也参加了欢宴活动,给宴会增加了光彩。800 多名贵宾和诺贝尔奖获奖者们欢聚在一起,气氛异常热烈,丁肇中和他的父亲、妻子兴奋地和大家一起碰杯,倾听大家热情祝贺的言语,沉浸在欢乐之中。

宴会上摆着鹿肉、鲜鱼肉、香槟及各种美酒饮料,大家尽情享受了两个多小时。之后举行狂欢舞会,丁肇中和妻子露易斯·凯薏随着欢快的乐曲翩翩起舞,他们的脸上布满了欢笑,舞姿洒脱、优美。他们矫健轻盈的身影赢得了大家的喝彩。

隆重的颁奖典礼结束的第二天,丁肇中收到了基金会赠给他的奖金支票,他和里希特博士共同分享了 16 万美元的奖金。诺贝尔奖奖金的数目是逐年增加的,最初几年大约 3 万多美元,后来逐年增加,30 年代为 4 万多美元,到 70 年代增加到 16 万美元,到了 80 年代时,增加到 20 多万美元,到了 90 年代奖金数目猛增至 100 万美元。这是因为在 80 年代后期,诺贝尔奖的本金参与了股票买卖,获益甚大,因此拿出来 2000 万美元用于诺贝尔奖的各项费用,其中用于获奖者的数目为 1000 多万美元。

获得诺贝尔物理学奖以后,当有人问起丁肇中的感受时,他风趣地说:"唯一的好处,如果我去瑞典的任何一家中国饭馆,不用拿出身份证,人家就知道我是谁了。而且我还能得到最热情周到的服务。对了,还有——"他接着说道,"甚至我的女儿们在大约一个月的时间内变得对我很亲热了。"

他的幽默风趣的回答,逗得周围的人都笑了起来。

诺贝尔奖颁奖结束后,基金会派人担任导游,陪丁肇中和他的家人游览了斯德哥尔摩的风景名胜。

斯德哥尔摩是座美丽迷人的城市,它始建于 13 世纪中期, 1436 年首次定为都城。老城区已有 700 多年的历史,由于免遭战争而保存完好。这里有装饰着木雕和石刻的中世纪建筑物, 显出一派古城风貌,有巍峨的王宫、古老的尼古拉教堂以及政府大厦等建筑。动物园岛与老城遥遥相对,著名的斯康森露天博物馆、北欧博物馆、"瓦萨"沉船博物馆和游乐场"趣伏里"等云集于此。市区的国王街、王后街及附近的地下商店是斯德哥尔摩最繁华的商业区。塞尔格尔广场是政治活动中心,广场的一侧是议会大厦。广场的中央有一个大喷水池,一根近 40 米高、由 8 万多块玻璃组成的柱子屹立其中,在阳光照耀下发出奇异的光影。

丁肇中平时忙于工作,穿梭于三个实验室之间,根本无暇参观游览,这次参加诺贝尔奖颁奖典礼,给了他和父亲、妻子、孩子在一起轻松一下的难得机会。他们一起饱览了斯德哥尔摩的风光,特别是参观斯康森公园(又称斯康森露天博物馆),给他们留下了极深的印象,大饱了眼福。这座公园坐落在动物园岛上, 1891 年,一位叫奥脱尔·赫赛里乌斯的有识之士为了保存"正在消失"的"古老的瑞典",在这里建起了这座博物馆。博物馆收集了瑞典各地不同时期、不同建筑风格的典型农舍、教堂和风车等建筑物。简陋的木制农舍内陈放着当时的家具、炉灶、农具、生活用品、纺车等。穿着各种民族服装的姑娘和老太太在这里迎候游客，按古老的方式给参观者表演织布、编织，解释她们故乡的器物用品和风俗习惯。人们在这里还可以看到打铁、吹制玻璃器皿和制作陶器。

丁肇中随后立即回到了欧洲核子研究中心，全身心地投入到研究之中，他又要向新的目标迈进了。

十二

　　丁肇中荣获诺贝尔物理学奖后没有止步,他继续向
未知的领域一次又一次地进击。同时,作为炎黄子孙,
丁肇中时刻关注着国内科学的发展,多次归国寻根,架
起一座中美科学交流的桥梁。他把中国的希望寄托在
年轻人身上,认为年轻人最适合研究物理学。

1. 继续冲刺

　　丁肇中获得诺贝尔物理学奖以后,各种荣誉和赞扬接踵而
来,但他对这些似乎不感兴趣,他关注的是现代科学的进展,他
把目光瞄向高能物理、天体物理学和生物科学——被世界科学
家称为三大科学的前沿阵地上。在他身上,集中地体现了自然
科学家的素质特性,他要不断地向自然界进击,去攻占一个又一
个科学的高峰。

　　1978 年春天,丁肇中像率领科学探险船队的一位老船长,

又带领着他的实验队伍——新组建的马克·杰实验小组,驶向了新的目标。

他们开始建造庞大的实验设备,设备宽6米、高6米,总重量达1000多吨。参加这一实验小组的科学研究人员共56人,他们分别来自美国麻省理工学院、德国亚琛大学、西德的国家电子加速器中心、荷兰和中国。同丁肇中的马克·杰实验小组同时进行这项科学实验的还有另外三个科学实验小组。他们工作非常刻苦,经过大约一年的时间对加速器进行制作、安装和调试,设备才安装完毕,实验经费高达上千万美元。

加速器开始运转了,丁肇中和实验小组的成员们,夜以继日地工作在仪器的荧光屏前,采集数据,计算结果。这次实验,他们要达到三个目的:1.寻找新粒子、新轻子和新的层子;2.研究电磁相互作用和弱相互作用的相关问题;3.测量电子的大小、μ子的大小和J粒子的大小。

他们送走了一个个白天,迎来了一个个黎明,付出了半年多的艰辛,终于传出了令人兴奋的好消息。

1979年8月,丁肇中领导的实验小组和另外三个实验小组,各自独立地在能量274亿~316亿电子伏特范围内发现了三喷注现象,从而使人们对基本粒子的认识又进入了一个新的阶段。

所谓喷注,它是指高能粒子反应中末态强子的一种特殊空间分布状态。在高能正负电子对撞时,它的末态可能产生多个强子。随着正负电子能量的不断升高,产生的强子数目会越来越多。这些末态强子飞行的方向集中在某几个最小的区域内,从对撞点喷射出去形成几束粒子注,因此称为喷注。

马克·杰实验小组在实验中对强子喷注现象进行了研究。他们观察到,当能量低于 170 亿电子伏特时,只产生双喷注现象。当能量增加到 274 亿电子伏特时,就出现了过去从未见过的三喷注现象。

三喷注的发现,引起了世界物理学界的高度重视,认为找到了胶子存在的论据,这是丁肇中研究基本粒子物理学的又一重大成果。

J 粒子发现以后,丁肇中曾经作出这样的设想:所有的基本粒子都是由几个被称为夸克子(层子)的更为基本的粒子所组成的。已经知道有五种不同类型的夸克子(层子)按不同的方式组合,形成了众多的亚核粒子。是什么力量把它们组合在一起的呢?物理学家曾有人预言:自然界中存在一种胶子,它是一种传递层子与层子之间强相互作用的媒介,是胶子把不同类型的夸克子(层子)"粘"在一起而构成新的粒子的。

这一科学假设是否成立呢?多年来,许多物理学家还一直没有找到强有力的证据。

现在,马克·杰实验小组观察到的三喷注现象,为胶子的发现在某种程度上揭开了它神秘的面纱。

丁肇中说："实验结果表明,在某个动量区内有时有了三个喷注,而在某些区内完全是三个喷注。这就说明,胶子是可能存在的,虽然不能发现胶子,但至少这种现象可用胶子来解释。"

丁肇中领导的马克·杰实验小组为胶子的存在提供了科学论据,三喷注的发现对胶子的存在作出了一种可能性的解释。针对有一科学家说丁肇中已经发现了胶子,丁肇中严肃地说："到现在为止绝对不能说已证明了胶子的存在,至多只能说,如果有胶子存在,才能解释实验事实。""我不敢保证几年之后不会出现另一种假设,来解释这一现象。"

科学这条道路是一条永无尽头的路,在这条道路上,树立着一个又一个的里程碑,每个里程碑间的路程,是科学的脚步走过的一个阶段,一个永远进击的科学家立志去跨越这一个又一个阶段,在一个又一个里程碑上刻下自己的标记。丁肇中的前面还有很长很长的路。

2. 科学的桥梁

丁肇中是一位美籍华人科学家,他时刻不忘自己是一个炎黄子孙,加上他在美国出生、在中国长大的特殊经历,使他成为联系中美两国的科学交流的一座桥梁。

丁肇中心里系挂着祖国,总想回国看看。他想看看他的老家山东省日照,看看祖祖辈辈生活过的地方,那里也是他童年生活过的地方。他还想走一遍他童年走过的逃难的路,那些日寇侵华的苦难岁月在他的脑海里打下了深深的烙印。他还想到祖国的山城重庆,看一看他那时断时续上过学的学校。重访故地,若能见到那时的老师和同学,和他们叙旧话别,将是多么令人惬意的事情。

他想回国的念头,随着他去美国时日的延长而与日俱增。

1975 年,丁肇中终于摆脱掉日常工作的繁忙,实现了他回国的梦想。他回到伟大祖国的首都北京,受到了中央领导的接见,心情十分激动。

1977 年 8 月,丁肇中带领妻子露易斯·凯薏和女儿,再次回到中国。8 月 17 日,他受到了邓小平同志的接见。当时中国打倒"四人帮"不久,处在百废待兴的时期,广大知识分子刚从噩梦中走出来,他们身上爆发出一股力量,正在为中国的"四化"建设献计献策。丁肇中看到这些,非常高兴,感到中国有了希望。他说:"我这次来中国参观,看到大家有干劲,都想把科技搞上去。我相信中国这么大,人口这么多,搞科研的历史这么久,一定会出人才,会很快赶上科学先进水平。"

这次回来,丁肇中想为中国的科学事业做出一些贡献。他在北京应邀为我国高能物理实验的科学工作者作了多次学术报告,召开了各种不同的座谈会,畅谈世界高能物理研究的现状、自己对高能物理发展前景的展望,开阔了我国科学工作者的视野,增强了他们赶超世界先进水平的信心。丁肇中行程安排得非常紧,也非常辛苦,但他也很高兴,觉得过得很充实,实现了自己多年来想为中国科学事业做点贡献的夙愿。

丁肇中从 1975 年以后,几乎每年都回国访问,1979 年 9 月 22 日至 26 日,丁肇中在北京科学会堂作了题为《高能实验中新粒子的寻找》的报告,他在报告中介绍了发现 J 粒子的经过,介绍了他发现三喷注的情况,以及这一发现对寻找胶子的意义,他也介绍了自己关注的现代科学发展的三大前沿科学——高能物理、天体物理学和生物科学的发展状况。他说:

"我个人预料,在未来的五十年之内,生物学和天文学可能有更大的发展,特别是生物学在生命的起源、细胞的改造和遗传工程等方面的研究,都可能取得决定性的突破。

"生物学的发展对未来人类有着巨大的意义,五十年后,目前威胁人类生命的种种疾病,就会像几十年前我们制服天花、霍乱和肺结核一样,都将被消灭。"

他的报告激起了阵阵掌声。

1980 年,丁肇中回国后,在中国科学院西安分院作关于实验高能物理的新进展的学术报告,他说:

"高能物理是门花钱很多、通常成果很少的学科,但有时能对人类知识做出非常重要的贡献。

"在科学研究领域上,竞争非常激烈,第一位能够造出结果来的,就是发现者,其后的都只能配称为证实者而已。"

他的报告对与会的我国科学工作者有深刻的影响。

1982 年,丁肇中在北京又举行报告会,中国科学院主席团执行主席、研究生院院长严济慈主持会议。丁肇中在报告会上用丰富的图片和资料,详细介绍了他领导的实验小组两年来建造最新的正负电子对撞机的计划,也介绍了自己进行 L_3 实验的宏大计划。这项实验也被称为模拟宇宙爆炸的实验,需要在地下建造一个深 1 公里、宽 27 公里的理想环境,然后将 10 亿电子伏特的电力输入粒子加速器,再和负电子对撞。在一亿分之一秒的对撞过程中,将会使温度达到太阳表面温度的几百亿倍,这就是宇宙刚开始的条件,它将分裂出几种基本粒子,这可能就是一切物质组成之始。他说:"科学是不断前进的,今天你不去做这个实验,明天自会有人代替你做,科学家的责任是去发现自然的真相。"

丁肇中的报告吸引了成千上万人,他用自己的行动架起了中美科学交流的桥梁。

3."物理研究是年轻人的事"

丁肇中非常关心中国科技事业的发展,他也身体力行地对中国年轻的科技人员进行培养。他多次到中国选拔研究生,所有研究生的挑选都要经过他的亲自面试,他选拔了不少中国优秀的年轻科技人员到他的实验小组工作。参加马克·杰实验小组的科学工作者一共有56人,中国高能物理研究所的人员就参加了29人,中国人占了实验小组的一半以上。他们与7个不同国籍的科研人员一道工作,友好相处,工作和学习都非常刻苦,为三喷注的发现,为寻找胶子,做出了积极的贡献,丁肇中对他们的工作也很满意,称赞他们"表现很好,很能干"。

丁肇中在美国40多年的经历,使他接触了很多科技人员,他对各国的人员素质有着相当多的比较。他说:

"中国是科学文化上有光荣历史的国家,中华民族是勤劳勇敢的民族,几千年来中国人做出了许多重大贡献。中国人的才能、智慧不在任何国家的人之下,中国的学生要对自己的民族、国家充满信心。

"不要看不起中国人。"

青年人是国家的未来,丁肇中把中国的科技进步寄托在中国的青年科技工作者身上。他多次与中国的青年科技工作者、青年学生座谈,谈理想,谈工作,谈科研,鼓励他们树立远大的目标,参与世界的科技发展的竞争。

1979年10月,丁肇中教授给北京八中的学生作了一次报告,报告内容广泛,谈了如何做优秀生,如何培养竞争能力,如何敢于大胆追求真理,如何培养既动脑又动手的能力等问题。最后希望更多的青年人关心物理学,为物理学献出毕生的精力。

报告会后,学生们纷纷询问怎样才能做一个优秀生,1980年10月,《中国青年报》记者带着这个问题,专门访问了丁肇中教授,访问内容如下:

问:请问丁教授,怎样才能做个优秀生呢?

答:这对中学生、大学生和研究生,恐怕有不同的要求。中学和大学一、二年的课程,都是基础课,非常重要,都应该学好,到大学后期或当研究生,就要对某一门课程深入钻研,学自然科学的,就要能够找到自然现象与理论的矛盾,并且想办法展示出来加以解决。对所有学生,有一条共同要求,就是任何时候都不要死读书,不要被分数牵住鼻子走,而要善于独立思考,勤于自己动手,使自己具备竞争的能力。

问:您认为,中国学生在这方面做得怎样?

答:中国学生很聪明,学习很刻苦,中国送到美国去学习的学生,考试成绩一般都很好,但是做了研究生,成绩突出的不太多。也就是说,许多学生在中学、大学能考第一名,而在搞科研工作的时候就不行了。

问:这是什么原因?

答:原因是很多的。有一些学生认为考个第一名就达到目的了,缺少竞争所需要的独立思考的能力,竞争就是尽最大的努力,用最快的速度和最好的质量超过别人。有人怕在竞争中被淘汰,其实,越怕竞争越要被淘汰。因为,你不竞争人家在竞争嘛!竞争不是鬼鬼祟祟,钩心斗角,而是你激励自己比别人好,别人也可以激励自己比你好。只有竞争,大家才能努力向上。我们科研工作者之间的竞争是很厉害的,而我们又都很好地保持着友谊,及时地交换材料。

所以,我主张,作为优秀生,思想要活一点,要大胆地追求问题,提出问题,始终保持旺盛的竞争状态。杨振宁和李政道就是这样,他们在50年代敢于站出来说话,否定了多少年来被人们认为是真理的一个定律,提出了他们的定理,得到全世界的公认。

天高气爽,秋风徐起,和煦的阳光透过窗玻璃,温柔地照在丁教授的脸上。这位世界物理学界的大师最后向中国的年轻人提出了他的祝愿和期望。丁教授说：

"物理研究是年轻人的事。因为他们富于想象力，在微观世界中，能突破一般生活经验的概念，创造崭新的理论来解释微观世界的现象。

"我建议搞物理、化学的青年，看一看法拉第、达尔文的传记，包括我知道的其他著名科学家，没有一个不是把全部精力花在科学上，真是不计成败，全力以赴。

"同学们对自己要有信心，立了志愿以后，对终生的事业有一个打算，不要因为每年考试成绩的好坏而轻易改变计划，变来变去，将一事无成。

"希望同学们敢于竞争，同本班、同全校的学生竞争，同全国同全世界的人竞争。"

丁肇中教授的这些话，讲得多么语重心长啊！它将会成为火炬，照亮年轻学生攀登科学高峰的崎岖道路。